성공하는 미용인의 습관

고 객 관 리 & 마 케 팅

김옥수 지음

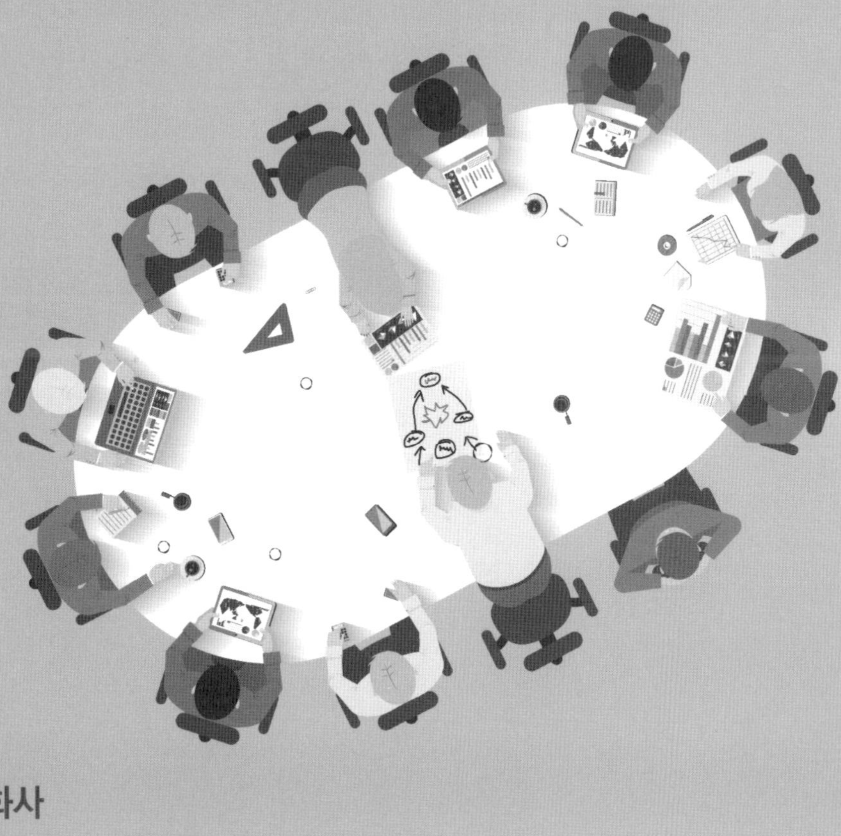

청구문화사

머리말

헤어살롱 · 피부관리실 · 네일관리실 등의 미용업은 고객의 만족을 최우선으로 하는 서비스업이며 21세기는 철저한 고객만족의 시대이다. 따라서 미용업에 종사하는 미용인들은 이에 따른 철저한 준비를 해야 한다. 당연한 말이지만 준비된 미용인은 어떠한 환경변화에도 적응력이 뛰어나다는 것을 오랫동안의 경험으로 보고 느꼈다. 미용산업계의 사활은 고객의 만족도에 따라 정해진다는 것을 자각해야 한다는 것이다.

그동안에도 미용인들은 고객의 만족도를 높이기 위해 여러가지 방법으로 고객관리와 마케팅에 최선을 다해왔다. 그러나 체계적이고 전문적인 management와 marketing, 즉 고객과의 관계(customer relations)라는 면에서 볼 때 부족한 점들이 현장에서 문제점으로 나타나기 시작했고 고객은 만족하거나 감동하지 못하고 이탈하기 시작했다. 가장 단순한 문제점은 고객을 소비자, 즉 consumer로 인식하고 소비자의 만족도(satisfaction)를 높이려는 노력에 전념하지 못했다는 점이다. 고객은 미용인이 제공하는 서비스를 소비하는 소비자이지 결코 만들어 놓은 제품을 구매하는 구매자가 아니라는 사실을 깊이 인식해야 한다는 의미이다. 다시 말하자면, 미용산업은 고객의 마음을 만족시킬 서비스가 가장 중요하다는 의미이다.

우리는 누구나 성공하는 미용인이 되고 싶어한다. 성공하는 미용인이 되기 위해서는 경영, 고객관리, 마케팅에 성공하여 고객만족도를 높이는 것이 최우선일 것이다. 고객의 만족도를 높이기 위해서는 다음과 같은 조건들이 필요하다.

첫째, 가장 중요한 것은 고객의 기대를 충족시킬 수 있는 최고 수준의 미용기술이라는 것은 두말할 필요가 없다.

둘째, 최고의 기술 다음으로 중요한 것은 미용사들의 인성과 직업의식에서 우러나는 우아하면서도 원숙한 매너가 될 것이다. 품위 있게 대접받고 싶은 것은 누구나 같은 마음일 것이다.

셋째, 쾌적한 미용업소의 분위기와 접근이 편리한 위치와 주차 등의 편의시설 역시 성공의 중요한 조건으로 어느 하나도 중요하지 않은 것이 없다는 점을 늘 명심해야 한다.

저자는 이러한 관점에서 개선점을 찾아 문제를 해결하지 않으면 안 된다는 전제하에 그동안 미용산업계에 종사한 오랜 경험과 틈틈이 준비한 내용을 정리하여 미용업의 경영과 고객관리와 마케팅에 관한 기본적인 제안서를 출간하게 되었다.

이 책자의 내용은 다음과 같이 대별하였다.

첫째, 미용인의 마음가짐 편에서는 우리 미용인의 새로운 사고방식 전환과 직업관 그리고 직장인으로서의 자세에 대하여 수록하였으며,

둘째, 서비스 마인드 편에서는 고객만족 경영에 대한 올바른 인식을 심어줄 뿐만 아니라 고객만족의 이론과 실제를 접목시키고 이론의 체계화를 통해 실천적이면서 문제점으로 나타난 몇 가지 개선책을 제시하였다.

셋째, 경영방법 편에서는 이미 현장실무에서 적용되고 있는 방법과 오랫동안 강의를 다니면서 현장에서 보고, 느끼고, 상담하면서 깊이 느낀 몇 가지 방법을 제시하였다.

우리나라의 미용기술 수준은 세계 최고라고 자부한다. 이제는 좀 더 체계적이고 과학적인 경영에 적극 동참하여 새로운 가치창조, 고부가가치 시대를 맞이하기를 바란다.

원고정리에 최선을 다하였으나 아직도 미흡한 부분들이 있음을 느낀다. 이러한 점들은 앞으로 지속적으로 수정, 보완할 것을 다짐하며, 여러분들의 성원과 지도편달을 바란다.

부디 이 작은 책자가 좀더 구체적이고 실용적인 내용탐구에 이정표가 되어 성공하는 미용인이 되는 길에 도움이 되길 바라며, 이 책이 나오기까지 협조해준 가족과 출판을 적극적으로 지원해준 청구문화사 이상태 사장님께 깊이 감사드린다.

2021년 새봄

저자 識

목 차

제1장 미용인의 마음가짐(프로 미용인이란?)

제2장 서비스 마인드(고객관리와 마케팅을 위한 미용서비스)

CHAPTER 1

미용인의 마음가짐 (프로 미용인이란?)

CHAPTER 1

미용인의 마음가짐 (프로 미용인이란?)

미용인(beautician)의 정의에 대하여 객관성을 갖기위해 사전상의 표기를 몇가지 살펴보기로 한다. 국어사전은 미용인을 “사람의 머리와 피부 따위를 관리해 주는 일에 종사하는 사람”이라고 말하며 미용술(beauty art)이라는 단어를 찾아보면 좀더 구체적이고 적극적으로 표기하고 있다. 즉 미용술이란 얼굴, 모발, 피부, 손발톱, 즉 인체에 손질을 하여 외모를 아름답게 꾸미는 기술이며 이러한 유들을 미용실(beauty shop)에서 한다고 쓰여 있다.

한자어(漢字語)를 풀어보면 아름다울 미(美), 얼굴용, 용모용(容), 스승사, 가르칠사(師)이다. 미용사는 사람의 용모를 아름답게 하는 전문가이다. 따라서 미용인은 고객을 아름답게 관리해주는 것 뿐만 아니라 조언할 수 있는 전문인이다.

한영사전은 미용사를 “A beauty artist, A beauty doctor, A hairdresser”라고 말한다. 사전이 표기하듯이 미용은 예술이며 미용사는 아름다움을 만들어내고 창조하는 아티스트인 것이다.

미용사는 단순하게 피부, 네일아트, 퍼머, 염색, 커트, 블로우 드라이, 샴푸, 업스타일 뿐만 아니라 머리카락 한올 한올을 가지고 디자인도 하고 웨이브도 만들고, 색깔도 다양하게 연출해야 하는 최고의 기술과 지성, 심성, 창의력이 있는 전문가인 것이다.

또한 고객의 모발손상 방지를 위한 것과 두피의 비듬, 탈모, 가려움 증에 대해서 1차 상담하여 문제점을 예방하고 심한 경우는 2차적으로 피부과로 안내하는 가이드이기도 하다.

뷰티 아티스트, 닥터로서의 역할을 다하고 있는지 자문자답을 함으로써 자신을 성찰할 수 있는 기회를 가질 수 있을 것이다.

누군가가 어느날 "당신은 예술하는 사람입니까?" "당신직업에 어느정도 만족하십니까?" 라고 묻는다면 무엇이라 대답할 것인가?

우리는 미용사라는 직업에 대해서 사명감과 책임감, 희생정신을 가지고 자신의 역할을 다해야 할 것이며, 늘 새로운 지식과 기능 습득에도 열성을 다해야 할 것이다.

제1절 직업에 대한 프로의식

독일의 유명한 경제학자 막스베버는 어느나라든지 자기직업을 "사명으로 생각하는 나라는 번영을 하였으나 직업을 단지 밥벌이로 여기는 나라는 번영한 일이 없다"고 하였다.

일은 인간의 천직(天職)이요 사명(使命)이다. 직업은 생계유지의 경제적 수단만이 아니다. 사회적 역할의 수행만도 아니다. 천직사상과 소명감을 갖는 사람은 자기 일에 깊은 애정과 뜨거운 정열을 가지고 전력투구의 자세로 열심히 일한다. 이러한 자세로 일하는 사람은 매사에 심혈을 기울이고 열성을 쏟고 최선을 다한다. 중세의 명언 중에는 "일하는 것은 기도하는 것이다"라는 말도 있다. "일속에 구원이 있다."

직업을 나타내는 영어의 단어들을 살펴보면 job, business, career, calling, enployment, vocation, occupation, profession이다. 마지막 프로패션(profession)은 고도의 기술과 지식을 요하는 전문직을 의미한다. 이 말은 프로페스(profess)란 말에서 유래한다. 프로페스라는 말의 뜻은 선언(宣言)하다이다. 자기가 맡은 일을 성심성의껏 하겠다고 여러사람 앞에 선언하는 것이다.

일의 유형을 몇가지 살펴보면

① 먹기 위하여 일하는 사람

② 돈을 벌기 위하여 일하는 사람

③ 입신출세하기 위하여 일하는 사람

④ 자아실현을 하기 위하여 일하는 사람

⑤ 일 자체가 즐거워서 일하는 사람

⑥ 심심해서 일하는 사람이 있다.

이 외에도 여러가지가 있겠지만 가장 바람직한 것은 천직사상과 소명감을 가지고 자기일에 전력투구해야 할 것이다.

미용사라는 직업을 하늘이 나를 불러(calling) 신(神)이 내리는 직업이라고 생각하는 미용인은 얼마나 될까? 프로 미용인은 기술을 파는 것도 중요하지만 고객이 가지고 있는 문제에 대한 해결책을 팔아야 하는 것이다. 미용사는 먼저 아이디어를 팔아야 한다. 이는 아름다움의 아이디어와 아름다워질 수 있는 기술을 파는 것이다. 둘째로 신용을 팔아야 한다. 즉 신뢰, 믿음, 노력을 파는 것이다. 마지막으로 서비스(service)를 팔아야 만족한다. “참다운 리더는 희망을 파는 상인이다.” 라고 나폴레옹은 피력하였다. 진정한 미용인은 미용에 대한 관심과 사랑이다.

1494년께 이탈리아 여름날 새벽 어느 영주의 젊은 정원사가 나무로 만들어진 화분에 조각을 하고 있었다. 산책길에 이 모습을 본 영주는 청년에게 「이런 일을 한다고 임금을 더주는 것도 아닌데 이른 새벽부터 조각하느냐」고 물었다.

청년은 「저는 이 정원을 사랑합니다. 정원을 아름답게 가꾸는 것이 저의 직무이므로 보수와 관계없이 기쁘게 일하고 있습니다.」라고 대답했다. 영주는 감동을 받고 그 청년에게 미술공부를 시켰다. 이 청년이 르네상스시대의 예술가인 미켈란젤로이다. 자기 일을 사랑하고 최선을 다하는 자세야말로 진정한 프로정신의 핵심이자 자신의 미래에 대한 보증인 것이다.

여러분은 미용(직업)에 대해서 그리고 본인이 근무하고 있는 미용실에 대해서 어느정도 관심과 사랑이 있는가? 진정한 프로미용인은 일에 자존심을 걸고 일에 보람과 긍지를 느끼며 목표가 있으며 결과에 책임을 질 줄 알아야 한다. 또한 능력향상을 위해서 자기개발을 늦추지 않아야 한다.

제2절 미용사가 갖추어야 할 10대 요소

1) 인격을 갖춰라.

인격을 갖추기 위해서 인간은 끊임없이 노력해야 하고 자신의 품성과 심성을 가다듬고 언행에 유의해야 한다.

2) 건강해야 한다.

미용은 육체적으로 정신적으로 힘이 든다. 그러나 힘든만큼 보람도 클 것이다. 매일같이 새로운 사람을 새로운 모습으로 변화시켜야 하는 일이 어디 쉬운 일인가?

미용인들에게 직업병이라 할 수 있는 위장병은 제때에 식사를 할 수 없고 그것도 급하게 먹다보니 가장 흔한 직업병이다. 또한 오랫동안 서서 일하는 경우가 많기 때문에 관절질환과 하지정맥류, 화공약품으로 인한 피부염과 시력약화 등도 흔한 직업병이다.

이외에도 일일이 나열할 수는 없지만 건강관리에 힘써 육체적으로나 정신적으로 건강해야 좋은 창의력을 발휘할 수 있을 것이다.

3) 서비스의 체질화, 습관화이다.

항상 표정을 밝게 하여 남을 기쁘게 하면 나 자신도 기분이 좋을 것이다. 이 부분은 접객(고객 관리) 부문에서 상세히 살펴보기로 한다.

4) 기술과 창의력

유능한 기술을 가지고 훌륭한 기능인이 되었다 하여도 창의력이 없다면 모방의 단순성을 피할 수 없다. 왜냐하면 미용은 모질의 상태, 모발의 길이, 두상구조, 신체구조 등을 잘 파악하여 그 사람에게 가장 잘 어울리는 황금률을 발견해야 하기 때문이며 그렇기 때문에 무한한 창의력을 요구하고 있다.

5) 전문지식과 지혜를 갖춰라.

전문가가 그에 따른 전문지식이 결여되어 있을 때 자신의 직업에 대해서 불성실해지는 것을 면하기 어렵다. 미용은 강한 노동력도 필요로 하지만 전문지식 또한 어느 학문과 비교할 수 없을 만큼 체계화, 과학화, 이론화되어 있다. 고객에게 아름다워질 수 있는 아이디어와 지식을 충고할 수 있어야 한다.

6) 목표가 있어야 한다.

미용인의 꿈은 소박하지만 대단하다. 기술이 국내에서 뿐만 아니라 세계적으로 유명한 미용사가 되고 싶다. 매년 뉴 모드(new mode)를 만들어내는 산실을 만들 것이다. 가장 체계적이고 수익성이 좋은 사롱(salon)을 open 하는 것 등에 목표를 정하고 꿈을 갖지 않는 사람은 없을 것이다.

목표를 정하고 구체적인 계획을 실천하면 그 꿈은 이루어진다. 단 계획하고 생각하는 것이 아니라 실행할 때만이 가능하다. 비젼(vision)을 갖자. 목표가 있는 자여 목표를 향해 혼신의 힘을 다 바쳐라. 최선을 다하자. 정열을 쏟아라.

7) 노력하는 자세

미용은 숙련도를 요하는 직업이다. 퍼머와인딩을 하는데 40분~50분씩 소요된다거나 커트 한명 하는데 30분~40분의 시간이 소요된다면 고객에게나 근무하는 미용실에 아무런 도움을 주지 못하고 해고당하게 될 것이다.

숙련도와 정확성은 충분한 훈련을 거치는 자에게만 가능하며 참 잘한다는 격려를 받을 수 있다.

가끔 황당한 미용사를 발견하게 된다. 기술은 없으면서 몇 년 차이기 때문에 승진시켜 주지 않으면 그만두겠다는 것이다. 누구나 승진하지 못하면 자존심 상하고 인정받지 못했을 때는 미용을 포기하고 싶은 마음도 들 것이다. "얻고 싶은 것은 큰 것이고 수고는 적게 하고 싶은 것" 이것을 생각은 해 볼 수 있지만 그러한 일은 없다는 것을 깨닫게 될 것이다. 수고를 아끼지 말고 최선을 다하면 반드시 승진할 수 있다.

폴란드 출신의 음악가 루빈스타인은 피아노로 세계를 석권했다. 그는 12살 때 피아노를 시작, 투철한 예술정신과 뛰어난 연주로 세계인을 감동시켰다. 그는 특히 연습벌레로 소문나 있었다. 그는 어느날 기자로부터 「세계정상에 오르게 된 비결이 무엇입니까」라는 질문을 받고 이렇게 대답했다. 「자기 세계를 다른 사람에게 인정받기 위해서는 피나는 연습이 있어야 합니다. 만일 제가 하루 연습을 안하면 제 자신이 그것을 알고 이틀을 안하면 친구가 알며 사흘을 안하면 청중이 압니다.」라고 말하였다. 정상의 비결은 피나는 노력과 충분한 연습이다.

8) 정보 입수력

유행의 흐름이나 업계의 방향을 파악해서 정확한 정보만이 가능하다는 것을 알아야 한다. 1996년 노벨경제상을 받은 영국의 케임브리지대 제임스 멀리스 교수와 미국 콜럼비아대 윌리엄 버크리 교수는 서로 불완전한 정보를 갖고 있는 행동 주체들이 어떻게 의사 결정에 도달하느냐에 초점을 맞춘 「비대칭적 정보하에서의 인센티브 이론」에서 상이한 정보와 완전하고 동일한 정보를 공유할 수 있는 전통적인 경제모형과 서로 불완전하고 상이한 정보속에서 행동주체들이 중대한 결정을 내려야 할 상황이라며 "정보경제학"을 주장하였다. 21C를 살아가고 있는 우리미용인은 정확한 정보, 과학적인 정보가 어느 때 보다도 중요하다는 것은 두 말할 필요가 없다.

9) 집념

인내는 말 그대로 참고 견디는 것이요, 심신을 다스릴 줄 알아야 집념의 열매를 맺을 수 있다. 절제(유혹)를 다스리지 못하여 낭패한 사람의 예는 우리가 주위에서 보고 듣고 있으며 나 자신이 그러한 부류에 해당되는지도 모른다.

10) 성실

가장 기본적인 요소이지만 가장 완벽하게 하기 힘든 요소이다. 성실한 자는 반드시 성공하게 되고 상대에게 신뢰를 준다. 정직과 성실을 벗으로 삼아라.

제3절 미용인의 자기관리

자기관리를 하는데 있어서 가장 중요한 것은 자기 자신을 발견하는 것이다. 현재의 자신과 잠재력의 자신을 발견하는 것, 자신의 장점과 단점을 잘 알고 있는가? 현재의 자신은 누구인가에 답해보자. 이름, 직업, 경력, 주민등록번호, 취미, 특기, 근무미용실명, 상사명, 동료명, 자신이 성취한 것 등 자신의 잠재력을 찾아내기 위해서 자신의 개인적인 자질은 무엇인가?

미용인의 자기관리를 하는데 있어서 몇가지 살펴보기로 하자.

1) 말과 행동(언동)에 꿈의 향기를 주라.

“꿈이 있는 곳에 지혜가 있다.” 말을 아름답게 하자. 말도 아름다운 꽃과 같이 그 빛깔을 지니고 있다. 때에 따라서 말은 독사의 입에서 나오는 독보다도 더 독한 경우도 있다.

말 : 해야 할 말과 하지 않아야 할 말이 있고

행동 : 해야 할 행동과 하지 않아야 할 행동

생각 : 해야 할 생각과 하지 않아야 할 생각

일 : 해야 할 일과 하지 않아야 할 일이 있는 것이다.

성공한 사람들을 보면 말과 행동이 본받을만 하다.

2) 실수를 인정하자.

자존심 때문에 사람의 실수를 인정하지 않을 때가 종종 있는 것 같다. 이것은 인간관계를 악화시키고 사회생활에서 자신을 고립시키는 것이 된다. 키신저 박사는 “필요한 물건이 있거든 허리를 굽혀서 주워라.” 라고 말하였다. 필요있는 자존심과 필요없는 자존심을 분별할 줄 알아야 한다. 필요없는 자존심을 버리고 새롭게 변화하자.

3) 진실을 말하자.

예로부터 이 세상에서 가장 슬픈 사람은 거짓말하는 사람이라고 역설했다. 거짓은 남을 속일 수는 있어도 나를 속일 수는 없는 것이며 진실의 힘은 강하다. 미용사들 중에는 A라고 하는 미용실에서 B라고 하는 미용실로, B라고 하는 미용실에서 C라고 하는 미용실로 대체적으로 이동이 잦은 사람들이 있다. 이때 면접을 볼 때 한가지라도 속이면서까지도 취업을 하려고 하는 모습을 자주 본다. 그들은 자신의 나이, 경력, 월급, 이름(가명) 등을 거짓으로 말하곤 하는데 이것은 결코 자신에게 도움을 주지 못한다.

4) 불건전한 자기상을 버려라.

과거에 잘못했던 것이나 잘못되었던 것 등은 빨리 잊어버릴수록 좋다. 자신을 의심(doubt)하거나, 마음이 산만해지고(distraction), 실망하거나(disappointment), 좌절하는(discouragement) 등이다. 자신에게 실망, 좌절할 필요는 없다. 사람은 무한한 잠재력을 가지고 있다. 이 잠재력을 개발하고 선과 악을 구별하여 활용할 수 있다면 그것은 자신에게 성공을 보장해 줄 수도 있다. 프랑스의 사회학자 미셸 페졸리 교수는 "왜 꽃을 피우는지 모르면서 장미는 존재하고 있다. 그러나 땅속 깊은 곳을 흐르는 물길이 있듯 사회구조에도 하찮은 것들을 존재하게 하는 신비한 힘이 있다."고 말한다.

그래도 삶은 지속된다. 자신에게 희망을 갖자. 때에 따라서는 사람에게 부딪치고, 쓰러지고, 비바람이 엄습할 때도 있다. 이때 지혜롭게 잘 견디어 뿌리깊은 고목나무가 되자. 시련이 많을수록 결과는 크다.

5) 습관을 바꾸자.

성공의 조건과 실패의 조건은 습관에서 좌우된다. 좋은 습관으로 길들여져 있는 사람은 어디에서든지 누구를 만나도 칭찬과 성공이 항상 존재하지만 나쁜 습관으로 길들여져 있는 사람은 말이 많고, 행동을 하지 않으며, 하는 일마다 안 된다고 생각한다.

아미엘의 일기에 보면

"마음이 바뀌면 태도가 바뀌고"

"태도가 바뀌면 습관이 바뀌고"

"습관이 바뀌면 인격이 바뀌고"

"인격이 바뀌면 인생이 바뀐다"

고 말하고 있다. 성공은 곧 자신의 마음이다.

6) 긍정적인 사고를 갖자.

무슨일이나 사물을 볼때 부정적인 태도, 자세, 생각을 하는 사람이 있다. 부정적인 사람은 항상 불평불만이 많다. 불평불만은 상대로부터 호응을 얻는 것이 아니라 자신의 약점을 노출하는 것이다.

가까운 미용실들끼리 요금경쟁을 하는 것을 보면서 느끼는 바가 많다. 부정적으로 보기 때문이다. 그러나 그것은 그 경영주의 마케팅 정책 일환인 경영방법(저가전략)으로 생각할 수 없을까? 물론 공동체의식을 가지고 나아가는 것은 더할 나위 없이 좋은 일이지만 말이다.

1944년 반네만(VonNeumann)과 모젠스텐(Morgenstern)에 의한 게임이론에서 인간은 사회속에 던져진 존재라고 말하고 있다. 사회속에 산다는 말은 사회 구성원들과 상호작용을 맺으면서 산다는 의미이다. 상호작용을 게임용어로 표현해보면, 첫째, 네거티브 섬 게임(negative sum game)은 부정적이고, 소극적인 게임이며 이것은 너죽고 나죽자는 관계로서 양자가 손해를 본다. 둘째, 제로 섬 게임(zero sum game)은 너희들은 나를 위해서 죽어

주거나 피해를 봐야 한다는 게임이며 너죽고 나 살자는 게임이다. 셋째, 게임의 가장 이상적인 게임은 포지티스 섬 게임(positive sum game)이다. 이것은 "마차타고 고삐를 잡은 앉은뱅이와 그 마차를 미는 장님"의 결합 모델이다. 서로 불구의 몸이지만 힘과 마음을 합치면 시너지 효과를 생성하는 관계이다. 너도 살고 나도 살자는 긍정적이고 적극적인 게임이다.

우리 미용인의 성숙한 게임은 지금부터이다. "너 때문에 이렇게 됐다"가 아니라 "나 때문에 이렇게 되어 죄송하다."는 자성의 마음과 소리가 나올 때 우리 자신과 업계를 진정으로 위하는 일이 아닐까?

7) 변화하자.

미용인의 이미지 관리를 위해서는 변화된 모습으로 나타나야 한다. 고객에게 있어서나 동료들에게, 친구들에게, 가정에서 먼저 웃고 칭찬할 줄 알고 친절한 미용인, 감사와 사랑, 존경이 넘치기만 하는 우리, 외모는 청결하고 여성스럽고 표정이 밝은 모습, 언행에 겸손하기 이를 데 없는 미용인으로 변화하자. 누가 누구를 변화시켜 주기를 원하지도 바라지도 말고 나 자신부터 변화하고 하기 싫은 것을 하는 것이 진정한 변화를 가져다 주는 것이요 우리의 위상을 높이는 길이 아닐 수 없다.

이제부터는 사고방식과 행동양식을 바꾸자.

제4절 미용실 근무 시 삼가해야 할 것

1) 직원 간의 존대의 표현할 것

언니, 야, 너, 누구누구야 등의 표현보다는 상호 인격 존중의 표현으로 선생님, ○○○씨 하는 것이 좋을 것 같다. 반말을 하다보면 상호 갈등이 야기될 가능성이 높고 이 갈등은 미움으로 변하여 투기하게 되고 결국은 누군가가 조직에서 이탈하는 사례도 종종 볼 수 있었다.

2) 큰 소리로 부르지 말 것

실내에서의 큰 소리는 고객에게 적지 않은 소음 피해를 가져다 주기도 하고 때에 따라서는 불쾌한 소리를 듣다보면 기분이 좋을 리 없기 때문이다. 예를 들면 "전화왔어요"라는 말을, 큰 소리로 "전화 왔어요", 더 큰소리로 "전화 왔다니까, 안들려요?" 라든지 "롯드좀 가지고와", 큰소리로 "롯드가 부족하니까, 롯드좀 가지고 오라니까" 등의 큰소리, 명령, 지시는 좋지 않다. 그러므로 가까이 다가가서 도움을 요청하여야 한다. 1m~1m 50cm 반경 내에서 조용히 말을 전한다.

3) 지시 동작은 올바르게 한다.

미용실 내에서 지시 동작은 중요한 부문이다. 염색을 열심히 하고 있는데 고객이 다가와서 "아가씨 화장실이 어디 있어요?"라고 묻는 경우에 미용사는 손에 염색약이 묻어있다는 이유로 턱이나 고개로 방향을 가리키거나 손가락으로 방향을 제시하는 것은 썩 좋지 못하다. 이 때에도 역시 침착하게 "잠시만요" 한 뒤 팔을 이용하여 방향을 가리키며 지시동작을 정확하고 느낌이 좋게 전달하여야 한다.

4) 미용실에서 화장을 고치는 일은 없도록 합시다.

출근 전에 화장은 집에서 이미 마치고 출근하여야 하며 점심식사 후에 고객들이 있는 옆에서 거울을 보며 이빨 사이의 이물질을 제거하고 립스틱을 바르는 것은 썩좋지 못하다. 직원실이나 화장실, 휴게실 등을 이용하여 보이지 않는 곳에 가서 조심스럽게 고치는 것이 예의가 아닐까 한다.

5) 출근한 뒤 머리샴푸, 화장하는 것 삼가 합시다.

이것은 곧 출근준비가 되어 있지 않다는 것을 의미한다. 집에서 해야 할 일을 직장에 출근하여 하는 것은 좋은 습관이 아니다. 부득이한 경우 다른 동료들이 출근하기 전에 나와서 하는 것은 이해가 될 수 있다. 다른 사람은 아침 정시에 출근하여 기구정리 정돈, 청소 등을 하는데 샴푸실에 가서 샴푸를 하고 있다든지 화장대 앞에서 화장을 하고 있을 때에 동료들에게 결코 좋은 인상을 주지 못할 것이다. 아침에 직장에 출근하는 것은 일을 하기 위해서, 즉 고객을 맞이하기 위한 준비를 하기 위해서 일찍 그리고 정시에 출근하는 것이다. 상, 하를 막론하고 항상 함께 준비하는 자세를 갖추어야 한다.

6) 잡담, 장난을 삼가 할 것

잡담, 장난도 시간, 때, 장소를 가려서 해야지 고객 머리시술 중에 한다든지 시술 중 손장난, 발장난 역시 좋은 느낌을 주지 못할 것이다.

7) 껌을 씹거나 담배를 피우지 말자.

구체적으로 이야기를 할 필요도 없는 기본적인 상식이다.

8) 전화기를 소리나게 놓지 말 것

통화 후에는 조용히 조심스럽게 내려놓는다.

9) 점심시간에는 자리를 비우지 말 것

교대로 1~2명씩 식사를 한다. 점심시간에 고객이 오셨는데 미용실이 텅비었다고 생각해 보자. 역시 첫 이미지(image)가 좋을 수 없다.

10) 슬리퍼는 소리나게 신고 다니지 말 것

요즘 편하다 하여 자신의 발이나 몸매와 맞지 않는 크고 두꺼운 신발을 애착하는 것을 많이 본다. 그런데 유난히 소리나게 신고 다니는 이가 있다. 이것 또한 소음으로 느낌이 좋지 못하다. 편리성, 단정함, 청결함이 가미되어야 한다.

11) 근무 중 카운터에 앉아 있지 말 것

근무 중에는 자신이 업무처리를 해야 할 장소가 있다. 자신의 포지션을 가져야 한다.

12) 근무 중 이탈을 삼가할 것

직장에 출근하여 친구 만나러 30분, 개인일 본다며 30분, 심심해서 아이스크림 사러 10분, 휴대전화 한다고 5분, 친척이 찾아왔다고 1시간 등 직장을 이탈하는 습관 역시 근태사항에 해당된다. 부득이한 경우는 예외일 수도 있지만 이러한 일이 빈번한 사람은 자중할 필요가 있다. 목표가 있는 사람에게는 있을 수 없는 일이다.

13) 미용사 자신의 머리 시술은 책임자에게 사전재가를 받는다.

미용실 내에 고객이 잠시 뜸하다 하여 직원들끼리 서로의 머리를 염색하고 퍼머하다 고객이 들어오면 이것 또한 느낌이 별로다. 시업 전, 시업 후에 하는 것이 좋다. 물론 쉬는날 하면 더욱 좋다. 그리고 퍼머, 염색 시술 시에는 재료비를 포함한 최소한의 비용을 지불하는 것이 좋겠다고 제안을 한다.

이상과 같은 일들은 근무 중 가장 기본적인 것이지만 중요한 문제는 기본적인 것들을 지키기가 참 쉽지 않다는 것이다. 우리는 직장생활에서의 기본적인 에티켓을 잘 지키어 스스로의 품위를 지키고 인격을 높여야 할 것이다.

제5절 미용실 관리자의 역할

미용실 관리자라면 본부장, 매니저, 실장, 점장 등이 될 것이다. 미용기술이 있는 관리자와 없는 관리자가 그리고 성별로는 남자와 여자관리자로 구분할 수 있지만 관리자는 모두 미용인이다.

미용에서의 관리자란 관리능력도 중요하지만 미용의 직업특성과 업무 그리고 사람에 대한 숙지 또는 이해가 필요하다. 그동안 미용실 관리자들이 성공도 하였지만 실패율이 높았기 때문이다.

관리자의 역할

- 관리능력
- 미용에 대한 이해 및 인식고취
- 업무에 있어서 윤활유의 역할
- 고객, 미용사들에게 분위기 만들기 등이다.

통제 기능과 수단보다는 직원들이 업무에 있어서 원활하게 진행될 수 있는가? 고객에게 지루함을 주지않고 즐거움과 편리함에 있어 무엇이 필요한가를 찾아내서 공급하는 종합 연출자가 되어야 한다.

1) 상담능력을 배양하자.

고객 상담법과 모발과학을 익히자. 미용실에서 관리자에게 그렇게 고도의 상담법은 요구되지 않는다. 가벼운 상담 속에 첫 이미지를 심어야 한다. 관리자는 접객하여 미용사에게 안내하면 되고 문제점이 발생시 첫 이미지 처럼 원칙대로 이끌고 가는 리더쉽이 필요하다.

그러나 모발과학은 필수적으로 익혀야 한다. 일손이 바쁠때나 고객이 자신의 모발에 대해서 상담을 요구할 때는 상세히 답을 해주어야 하기 때문이다. 모발관리학이나 모발과학 등의 책을 보고 숙지해야 한다.

2) 체크리스트(check list)를 작성하자.

체크리스트는 업무의 공백이 발생되지 않고 원활한 업무를 위한 것이다.

(1) 시간 체크

고객과의 약속, 원장약속, 업무차 방문약속(외부, 내부), 화장품 회사 직원, 은행, 세무서, 여러류의 업무

(2) 설비 및 기계 체크

설비나 기계에 문제점이 발생되었을 시 수리, 보수하여야 한다. 그러나 사전에 미리 점검해두어야 한다. 사전 체크가 되지 않아 근무 중에 기계수리를 한다든지, 전구를 교체하면 업무에 차질이 생기며 고객에게도 좋은 이미지를 주지 못한다.

예) 기계, 기구류, 유리, Set의자, 작업대, 조명, 네온, 벽, 천정, 샴푸시설(냉수, 온수) 등

(3) 미용재료 체크

약품 및 제품의 종류별, 회사별, 브랜드별로 재고량 점검, 점판제품 및 소모품(흡수지, 롯드, 고무줄, 염색 브러쉬 등)을 체크하여 3~4일 전에 협력회사에 의뢰하여야 한다.

(4) 관리부문 체크

부분이 아니라 전체를 보자.

① 직원들의 출근과 퇴근, 근태 사항을 체크한다. 정서가 불안한 직원이나 건강이 좋지 못한 직원에게는 업무의 양을 조절한다든지 다른 업무를 배정해 준다.

② 청소상태(청결)-화장실, 샴푸실, 입구, 기구, 작업실 등

③ 접객상태-신문, 잡지, 컵, 음료, 동전(잔돈), 옷장, 메모지 등

④ 정보체크- 스크랩 화일, POP, 게시판 등

(5) 매출 체크

① 일일 매출 ₩__________

② 월 매출 목표중 현재 매출 ⊖₩__________ ⊕₩__________

③ 디자이너 두당 매출

④ 전직원 두당 매출

⑤ 셋트 의자당 매출

※ 오늘 일일 평균 매출 달성 여부 체크

(6) 음향 체크

① CD

② 컴퓨터 상태

③ 볼륨(volume) - 높낮이

④ 음악종류별-국악(판소리, 민요), 팝송, 가곡, 대중가요, 어린이 음악, 클래식음악 등

관리자가 항상 말만 많이 하고 행동하지 않는다거나, 체크하여 명령, 지시만 하지 실천하지 않는다면 부작용이 우려되므로 솔선수범하는 자세가 절실히 요구된다. 메모(memo) 하는 습관을 갖자.

3) 전 직원들에게 인간관계방안을 제시하고 실천하며 학습시켜라.

(1) 개선방안

① 솔직하고 정직하고 성실하자.

② 남을 존중하고 남의 말을 경청하자.

③ 남의 말보다 뜻이나 감정에 초점을 두자.

④ 자기가 한 말에는 책임을 져라.

⑤ 과거, 미래보다 현실을 중요시하자.

⑥ 남의 단점보다는 장점을 찾아보자.

⑦ 상대를 공감대로 이해하자.

⑧ 주위의 모두를 참여시키자.

⑨ 말을 잘하기 보다는 듣기를 잘 하자.

(2) 실시방안

① 인간관계

㉠ 하명사항은 실행한 다음 보고하라.

㉡ 매사에 웃는 얼굴로 대하자.

㉢ 신중한 몸가짐을 가져라.

㉣ 유효적절한 조언을 하라.

㉤ 공사는 분명하게 구분하자.

② 아랫사람과의 인간관계

㉠ 인간적으로 대하자.

㉡ 잘한 일은 공개적으로 칭찬하고 잘못한 일은 본인만 있는 곳에서 주의를 주자. (와인딩을 아랫사람이 열심히 하고 있었다. 그런데 디자이너 선생이 갑자기 큰소리로 "이것 다풀어" 한다면 아랫사람은 창피하고 어쩔줄을 몰라 할 것이고 이때 고객 또한 기분이 좋을리 없고, 내 머리 다 망가지지나 않나 하여 불안해 할 것이다.)

㉢ 일체감을 갖도록 하라.

㉣ 신뢰를 받도록 행동하라.

㉤ 전문지식은 아랫사람보다 많이 알아야 한다.

③ 동료와의 인간관계

㉠ 너무 아는 체 하지 마라.

㉡ 항상 상대방의 입장에서 생각하자.

㉢ 자기의 공명을 내세우지 마라.

㉣ 남의 험담을 하지 마라.

㉤ 항상 대등하게 대하자.

④ 겉으로는 존경하는 체 하면서 실제로는 그렇지 않은 타입

㉠ 타인의 의견을 무시하는 사람

㉡ 불평 불만이 많은 사람

㉢ 남의 험담을 잘하는 사람

㉣ 겉과 속이 다른 사람

㉤ 공사가 불분명한 사람

㉥ 지나친 이기주의자

4) 평소 언행(言行)을 유의하라.

미용실의 비젼(vision)을 항상 말하고 앞으로 나아가야할 방향과 방침 목표, 계획을 수시로 전해 주었을 때 아랫사람은 희망과 하고자 하는 마음이 샘솟는다. 농담이나 무의식 중에도 미용실의 비젼이 은밀하게 나타나도록 한다. 예를 들면 아랫사람이 아이디어를 제안했을 때 농담으로라도 "그것 노벨상감이다" 라고 격려하면 그 사람은 신바람 날 것이다.

관리자가 아랫사람들 원장, 사장, 다른 선생들의 험담이나 욕을 태연하게 한다면 아랫사람들의 꿈을 키우는 것이 아니라, 꿈을 허물어 버리는 일이기 때문에 실망하거나 하고자 하는 마음을 저하시키게 된다. 관리자는 언행에 있어서 언제나 향기가 나는 듯한 느낌을 주도록 해야 한다.

5) 지도 능력을 갖추라.

지도방법의 공부를 게을리 해서는 안된다. 지도방법에는 잘못이 없는가, 좀더 효과적인 지도방법은 없는가, 지도내용은 이것으로 족한가, 유행에 뒤떨어져 있지 않은가를 생각해야 하며 관리자 교육이나 책을 통해서 보완해야 한다. 관리자는 무엇보다도 윗사람과 아랫사람들과의 신뢰관계를 유지하는 것이 중요하다. 그래서 관리자는 목표달성을 생명으로 알아야 하며 남들이 하기 싫어하는 것을 솔선해야 하고 유사시에는 그 일을 떠맡는 관리자의 모습, 아랫사람이 난처한 일을 당했을 시 그것을 이해하고 조언하는 인격체의 관리자가 되어야 한다.

6) 아랫사람들이 후회없는 인생을 살도록 지도하라.

나는 이번에 새로 오신 매니저 또는 실장님에 의해서 내 인생이 바뀌었다며, 무슨 일이든지 하고자 하는 마음이 생기게 하는 관리자는 큰 성과를 거둘 것이다. 커뮤니케이션(communication)이 잘 이루어져 서로 마음이 통하고, 진지하게 인생을 말하고 미용에 대한 직업, 미용실의 발전방향, 사람을 만나는 기쁨 등을 얘기하다 보면 한번 해 보겠다는 마음을 일으킨다. 아랫사람을 사회적으로나 미용업계의 책임자로 육성하는 것은 관리자의 공적인 일이다.

7) 정확하게 명령하는 관리자(매니저)가 되라.

때에 따라서는 강력한 리더쉽(leadership)을 발휘해야 할 때도 있다. 원장이나 사장이 말하기 어려운 사항이나 미용실 내 이상기류가 흐를 때는 아랫사람들의 눈치나 살피는 안일하고 무능력한 관리자는 필요없다.

① 명령은 명확하고 구체적으로 할 것

② 명령에는 위엄이 있어야 한다.

③ 조잡한 명령은 안된다.

④ 반드시 결과에 대한 보고를 받을 것

⑤ 결과에 책임을 질 줄 알아야 한다.

8) 사람을 철저히 연구하라.

업무적인 관리를 하는 것도 중요하지만 사람관리(고객, 직원)는 한계가 있다. 최선을 다할 뿐일 것이다. 미용실의 인간집단은 각각의 인격체들이 모여 있는 것이다. 인격적으로 대하고 질적인 면으로 성장할 수 있도록 하여야 하며 미용실이 인생의 장이 되도록 해야 한다.

일은 인간의 기쁨이다. 일을 통해서 인간의 욕구가 충족되고 행복을 느낀다.

마슬로우의 인간의 욕구 5단계를 살펴보면 다음과 같다.

① 생리적 · 생물적 욕구

먹고 싶다, 마시고 싶다, 자고 싶다,

② 안전(安全) · 안정(安定)욕구

몸의 안전을 지키고 싶다, 안정된 생활을 하고 싶다, 충분한 수입을 얻어서 저축하고 싶다, 직장의 보장을 받고 싶다 등.

③ 사회적 애정의 욕구

사회 · 집단에 참가하고 싶다, 공헌하고 싶다, 인정받고 싶다, 공정한 처우를 받고 싶다, 우정을 가지고 싶다, 사랑받고 싶다, 사랑하고 싶다 등.

④ 자아 · 자기 존중의 욕구

구속 당하고 싶지 않다, 내 의사대로 행동하고 싶다, 일을 맡아서 하고 싶다, 리더쉽을 발휘하고 싶다 등

⑤ 자기실현의 욕구

능력을 향상시키고 싶다, 지식을 얻고 싶다, 사명을 다하고 싶다, 남이 할 수 없는 일을 하고 싶다 등...

미용실 안에서 일을 통하여 이루어지고 충족되어진다. 관리자는 직원들의 하고자 하는 마음을 중시하라. 사람의 욕구란 멈출 줄을 모른다. 이렇게 구체적이고 심리적인 분석을 하고 나면 사람을 관리하는데 유연성을 기할 수 있다.

제6절 성공적인 미팅(successful meeting)

우리는 성공을 도모하는 토론의 광장, 모임, 회의가 수시로 이루어졌으면 한다. 미용실 내 정기회의, 아침조회, 낮 시간 미용인들의 모임이 있을 시 아래와 같은 주제나 소재를 설정하여 자료교환, 정보공유 차원에서 토론을 벌인다면 아주 좋을 것이다. 실용 가능한 구체적인 방법을 돌출시키는 것도 좋지만 서로의 마음이 통일되는 것(마인드 형성)만으로도 성공적인 미팅이 되었다 할 수 있다. 이때 유의 할 점은 개인주장을 강하게 어필한다거나 주장하다보면 여러 가지의 문제점(갈등, 시기, 질투, 미움)을 야기시킬 수 있기 때문에 좀더 구체적으로 접근해 나가는 것이 좋다는 점이다.

다음은 시간이다. 토론이나 미팅에서 일방적으로 시간을 길게 잡고 혼자 말을 하는 사람이 많은데 이것도 역시 정정해야 할 부분이다. 중요한 것은 내용을 다 전달하지 못했다 하더라도 미팅 주관자(리더)의 통제나 의견을 존경해 따르는 것이 좋다.

성공미팅을 할 수 있는 주제의 예를 든다면

- 고객 만족을 시킬 수 있는 서비스란?
- 미용이란?
- 원만한 인간관계란?
- 미용을 전망해본다.
- 모발손상의 원인과 예방법
- 모발 · 두피 클리닉(Hair clinic)이란?
- 고정고객 유지와 신규 고객 창출
- 퍼머와 염색을 동시에 시술하였을 시 장점과 단점은?
- 탈모는 왜 발생되고 예방법은? 그리고 미용실 내 고객에게 상담법과 시술법은?
- 미용실 내 위생관념이란? 등을 소재로 토의할 수 있다.

1) 직장 예절의 기본

미용인의 직장은 미용실이다. 이 미용실에는 조직집단이 존재한다. 이 조직집단 속에서의 기본예절은 매우 중요한 부분을 차지한다. 우리는 지금부터라도 직장인으로서의 의식을 확실히 가져야 한다. 예절이란 인간이 사회생활을 할 때 서로가 가져야 할 기본질서를 말하며 교양 또는 에티켓(etiquette)이라고 할 수 있는데, 에티켓이란 용어는 원래 프랑스어로 출입금지라는 뜻이 현재는 예절이란 뜻으로 쓰이고 있다고 한다. 그 유래는 옛날 베르사이유 궁전의 화원에 어느 몸가짐이 나쁜 사람이 들어가 아름다운 꽃들을 밟아버려서 화원 출입금지라는 뜻으로 말뚝을 박아 출입을 막았는데 그 말뚝에 써 있던 말이 프랑스어의 에티켓이었고 그후 사람들은 단순히 화원 출입금지라는 뜻뿐만 아니라 남의 마음의 화원을 훼손하지 않는다는 뜻으로 넓게 해석하여 예절이란 뜻으로 사용하게 된 것이다.

이와 같이 에티켓은 민주주의에서 남의 인권을 존중하는 사상에서 비롯된 것의 하나로 각양각색의 사람이 집합하여 생활을 하고 있는 현대의 직장사회생활에서는 좋은 인간관계의 유지를 위해 필요한 몸가짐으로 강조되고 있다.

2) 직장예절의 필요성

우리는 모두 즐겁고 충실한 직장생활을 하고 싶다고 소원하고 있다. 이것은 직장인 모두가 소망하고 있는 것이기도 하다. 그러나 이와 같은 소원을 이루기 위해서는 서로 동료로서의 감정을 존중해서 각각의 입장을 이해하며 온정을 가지고 인간관계를 조정해 가는 것이 필요하다. 이러한 마음가짐이 말이나 행동으로 나타나는 것이 예절이다. 예절이란 사회생활을 쾌적하게 추진하기 위한 윤활유와 같은 것이라 하겠다.

직장예절도 기본적으로는 같은 것으로써 이러한 정신을 이해하고 그것을 직장이라는 환경에 맞게 활용해 가는 것이다. 그리고 직장의 질서를 바로잡고 사람과 사람이 협조해 가도록 하는 것이다.

또 예절은 상대에게 시간적 괴로움을 준다든가 정신적, 물질적 부담을 주어서는 안 되는 것이다. 특히 직장에서 바쁜 상대를 기다리지 않도록 신속하게 행동하는 마음가짐과 용건을 요령있게 처리해서 상대의 시간을 절약 하도록 하는 마음은 중요한 예절이라 하겠다.

따라서 우리 미용인은 원만한 인간관계의 유지를 통한 충실한 미용실 생활의 영위를 위하여 직장예절을 갖추어 나가기에 만전을 기해야 할 것이다.

제7절 미용실에서의 인간관계

1) 미용실(직장)에서의 인간관계

"신은 사람의 마음과 외양이 일치하는 것이 극히 드물다는 것을 알고 있다."

- 세익스피어 -

어느 시대, 어떤 사회에서나 인간은 이러한 두가지 측면을 지니고 태어난다. 그러나 그것은 인간이 때를 가리지 않고 거짓말을 할 때도 있을 것이지만 사회생활에 있어서는 외부로부터의 압력에 의해서 자기를 있는 그대로 표출시키지 못할 때가 있다.

다른 동물이나 곤충은 보호색, 또는 허물벗기 등에 의해서 본능적으로 환경에 적응하고 있지만 인간의 경우는 각자가 처한 경우나 환경 속에서 각자가 사는 방법을 몸에 익혀간다.

어린아이는 하나의 자기밖에 가지지 않지만 3세 내지 4세가 되면 본심을 숨기고 다른 사람의 마음에 들도록 행동해야 한다는 것을 배우게 된다. 사회에 진출한 인간은 그 미용실(직장)이나 지역사회의 특성에 따라 어떤 특정한 형으로 형성된다. 이것은 동물의 보호색이나 허물벗기에 해당되는 것이다.

이와 같이 우리들을 둘러싼 사회 환경은 우리들 자신의 생활방식에 매우 밀접한 관계가 있는 것이다. 이런 의미로 직장은 우리들의 생활이나 인생관에 큰 영향을 미치게 됨을 알 수 있다. 즉, 직장의 인간관계 여하에 따라 우리들의 생활방식은 결정적인 영향을 받는다고 말할 수 있는 것이다.

2) 밝은 미용실(직장)

밝은 미용실을 만들기 위해서는 밝은 인간관계가 이루어지지 않으면 안 된다. 그렇다면 밝은 인간관계를 만들기 위해서는 어떻게 하면 좋은가? 직장의 인간관계를 생각한다는 것은 먼저 상대를 인간으로 인정하는 것이다.

그러나 인간이 인간을 인간으로 인정한다는 것은 말처럼 쉬운 것은 아니다. 특히 직장은 조직의 틀 속에서 업무를 수행하는 장소이기 때문에 이 틀 속에서의 인간관계는 여러 가지 어려운 측면이 많아지는 것은 당연하다고 말할 수 있다. 또한 우리들은 사회의 일원이며, 사회인으로서 자각이 요구되고 있다는 것은 이미 공부한 일이지만 미용실은 사회속의 일개기관이기 때문에 미용실에서 일하는 우리들은 항시 사회를 의식하지 않으면 안된다.

아무리 미용실 분위기가 좋더라도 외부로부터 인상이 나쁘면 미용실에 대한 외부평가가 좋을 리가 없다.

〈밝은 미용실에 필요한 요건〉

① 생기가 돌고 활기에 찬 미용실이다.

② 자기의견을 솔직하게 말할 수 있는 분위기이다.

③ 어려운 일도 적극적으로 수행하려는 분위기가 있다.

④ 새로운 아이디어를 내어 개선해가며 업무를 수행하려는 창조적 분위기이다.

⑤ 책임전가의 분위기가 없다.

⑥ 상하 간에 올바른 정보가 전달된다.

⑦ 상호 간의 대립이 없다.

⑧ 업무상 필요할 때 동료들을 서로 돕는다.

⑨ 미용실 전체의 목표, 다른 사람들의 입장을 이해하고 있다.

⑩ 일을 열심히 한 사람은 승급, 포상 등으로 인정을 받는다.

3) 사람은 사람 사이에서 생활한다.

“요즈음 휴먼 릴레이션(human relation)이란 말을 자주 들을 수 있어요. 게다가 신문이나 시사 주간지 등에서도 가끔 눈에 띄거든.”

“당신은 훌륭해-멍하게 있는 사람은 그런 일을 깨닫지 못하는데.”

“당신을 본받아야 하겠는걸……. 우리 서로 열심히 공부하도록 합시다.”

“움직이지 않는 필름을 한컷 한컷 연결하면 한편의 영화가 되는 거야, 아무리 정상이 가깝다 하더라도 그 자리에서 쉬고만 있으면 정상에 오를 수 없는거나 같지.”

“당신이 며칠전 갖고 있던 책이 무슨 책이지, 분명히 인간관계 인가 뭔가 라고 써있던 것 같았는데.”

“그 책 다 읽어서 집에 뒀어, 여러 사람이 같이 일해 나간다는 것이 어려운 일이라는 그런 책이야.”

“아! 미안합니다. 하지만 전부 그렇게 말하고 있어요, 여하튼 오늘은 이 문제에 관해서 좀 더 공부하기로 하지요.”

어느 미용실 직원들의 잡담의 한 장면이다. 이 잡담은 매우 질이 높은 내용이다. 그리고 그들은 여러 가지 생각이나 의견을 교환한 끝에 이러한 결론을 내렸다.

“휴먼 릴레이션즈”란 비록 미국에서 들어온 말이지만 미국을 그대로 모방한 것은 아니다. 그것은”HR”의 꽃을 단순히 한국에 이전하는 것은 아니다. 그 이유는 극히 단순하다. “왜 산에 오르는가” ”산이 거기에 있기 때문에”와 같이 “왜 당신이나 내가 인간관계를 연구할 필요가 있는가”라는 해답은 “미용실에 인간이 있기 때문”이다.

미용실은 만물의 영장인 인간의 모임의 하나이다. 어느 회사에나 그 안에는 만년평사원형, 야광형, 아부형, 계산형, 금전형, 기술우월주의형, 일등형이 있는가 하면 야심형, my-home형도 있고 매파, 비둘기파도 있으며 적극형, 성실형 등 각양각색의 인간이 많이 있다.

그러니까 인간을 “인간”으로서 중시하는 기초에 서서 인간관계를 생각하는 것은 중요한 것이다. 원래 인간이라는 글자는 사람의 사이라는 뜻이다. 가령 고독을 즐긴다고 선언하는 사람이 있더라도 인간은 절대로 고독을 즐길 수 없다. 당신 자신의 현재나 당신의 주변을 둘러보라. 인간은 자신도 모르는 사이에 자기 이외의 다른 사람의 은혜를 입고 있으며 다른 사람과의 연관을 맺지 않고서는 살아갈 수가 없다.

“생활”이라고 하는 것은 활력있게 살아가는 것을 뜻한다. 그러기 위해서는 인간집단 속에서 생활할 필요가 있다. 당신에게 진정으로 중요한 것은 사람과 사람의 관계를 좋게 하는 것이다. 그런 기술을 가져야 한다는 것이다.

인간이 달에 사는 시대가 되더라도 미용실의 여러 가지 설비가 전부 근대화되어, 최신식 컴퓨터가 미용실 업무를 처리한다고 하더라도 인간에게 제일 중요한 것은 어디까지나 인간인 것이다. 그래서 “미용실 사업은 사람이다”라는 말이 있으며, 환언하면 “미용실 사업은 사람과 사람의 얽힘”인 것이다.

미용실 경영에서는 미용실 내에서는 적당히 하고, 외부에 대해서만 좋게 보이게 한다는 이론은 성립되지 않는다. 인간관계가 좋을 때 비로소 그 좁은 미용실 내에서의 인간관계가 밖에 표출되어 인정받는 것이다. 미용실 내에서 우선 좋은 인간관계를 확립하는 것이 미용실 번영의 가부를 결정하며 거기에서 일하는 각 사람의 행복한 인생을 만드는 기초적인 요건이 된다.

4) 인간이란

(1) 인간은 개인차가 있다.

① 인간은 감정의 동물

② 인간은 환경에 의해서 좌우된다(특히 인간적 환경에 의해서).

③ 인간은 자유의사를 갖는다.

④ 인간은 사람마다 차이가 있다.

인간은 몸체나 지능뿐만 아니라 여러 가지 면에서 상이하다. 같은 조건이라도 사람이나 상황에 따라 반응하는 행동은 각양각색인 것이다. 이것은 개인이 지닌 기질과 개인의 성격차가 원인이 되기 때문이다. 여러 인간이 모이는 곳이 직장(미용실)이므로 미용실에서 인간관계를 잘 유지하기 위해서는 인간은 개인차를 갖고 있다는 것을 재인식하지 않으면 안 된다.

(2) 인간은 감정의 동물

"인간은 감정의 동물이다"라고 하는 것은 인간만큼 이성적인 동물은 없는데도 이성과 모순되게 감정적으로 되기 쉽다는 것을 말하는 것이다.

"끝내 욱! 하고 말았어"라고 잘들 말하지만 이성으로는 그래서는 안 된다는 것을 알면서도 끝내 감정적으로 처신하고 말았다는 뜻이다. 인간은 슬픔, 탄식, 웃음, 미움, 노여움…… 등 대립된 감정을 지니고 생활하고 있다. 그래서 자기와 같이 일하고 있는 동료 사이에서 여러 가지 감정의 차이를 느끼며, 그 속에서 번민하고 괴로워하고 있는 예가 많다.

그러나 우리들은 그 감정의 세계에서 빠져나올 이성을 갖지 않으면 안 된다. 환경을 객관적으로 비판하고 연구함으로서 감정을 주체적으로 통제할 수 있게 된다. 벽을 뚫고 앞으로 나아가는 정열, 의욕은 감정과 모순을 해결하려는 마음의 투쟁에서 생기는 것이다.

〈감정의 처리방법〉

① 자기감정을 알아라(분노인가, 두려움인가, 슬픔인가)
② 자기감정을 인정할 것, 무시하든가 부정하지 말 것
③ 어찌하여 이러한 감정을 갖게 되었는가, 그 과정을 생각해 볼 것
④ 언쟁에 이기는 것이나 반대만을 추구하고 있지 않는가, 자기를 되돌아 볼 것
⑤ 입으로 말하고 있는 것과 마음 속에 일고 있는 생각이 일치될 경우에는 숨김없이 감정을 나타내 볼 것
⑥ 자기감정과 의지를 조화시켜가는 데에 인간으로서의 성장이 있다고 받아들일 것

5) 인간형태의 여러 가지

- 함부로 위에 서려는 사람
- 명예욕이 민감한 사람
- 잘난체 하는 사람
- 감수성이 강한 사람
- 교활한 사람
- 제멋대로 행동하며 완고한 사람
- 조그만한 일에도 바로 발끈하는 사람
- 집념이 강한 사람
- 꾸물거리며 매사에 분명하지 않은 사람
- 왜곡되게 추측하는 사람
- 삐뚤어지고 쓸데없는 한탄만 하는 사람
- 인색한 사람
- 친절한 사람
- 침착하지 못하고 서두르는 사람
- 남의 친절을 바로 잊는 사람
- 아부를 잘하는 사람
- 입이 가볍고 경솔한 사람
- 남의 말을 잘 듣는 사람
- 이유가 많은 사람
- 소상한 사람
- 공손한 사람
- 사람의 말을 잘 마무리해 주는 사람
- 착실히 노력하는 사람 등……

이상과 같은 여러 가지 형태의 사람이 미용실에 있다.

당신은 어떤 타입인가 체크해 보자.

6) 사람과 접촉하기 위해서는

미용실은 상사, 선배, 동료 등 여러 사람이 노력하며 일하고 있는 장소이다. 단, 두사람 만의 생활에 있어서도 좋은 사이를 유지하기 위해서는 나름대로 신경을 쓰고 노력할 필요가 있다. 그러나 사람과 의견 조정을 잘한다라는 것은 옛날사람이 말한 것처럼 "자기를 낮추고 죽인다"라는 것을 뜻하는 것은 아니다. 자기개성을 알고 그것을 신장시킴과 동시에 주위 사람과 잘 어울려 나가는 것이 직장인의 진정한 참 모습이라고 말할 수 있다.

사람과 접촉할 경우 무엇보다도 주의하지 않으면 안 되는 것은 상대방의 기분을 존중하는 것이다. 인간은 누구에게나 결점이 있고 약점이 있는 것이다. 그러므로 나쁜 쪽으로만 눈을 돌리지 말고 상대방의 좋은 점에 눈을 돌리도록 해야 한다. 그러면 자연히 상대방의 기분을 알게 되고 서로 잘 어울릴 수 있게 되는 것이다.

나의 장점 · 단점(생각나는 대로 쓴다)

나의 장점	나의 단점

7) 타인에 대한 태도

미용실에서는 싫든 좋든 상사나 동료와 얼굴을 맞대고 대화를 하면서 일을 해 나가지 않으면 안 된다. 한 가지 실수를 하면 그것은 여러 곳에 영향을 미치는 것이다. 미용실에는 여러 가지 성격을 지닌 사람이 있다. 그 속에서 서로 협력하기 위해서는 나름대로의 자각과 마음가짐이 필요하다.

(1) 원장, 사장, 선생들(상사)과의 관계

① **자기가 상사의 입장이 된다.**

㉠ 언제나 상사의 마음이 되어 일을 한다.

㉡ 시켜서 한다기 보다 협력자의 입장에서 일을 한다.

② **상사의 부정한 점을 보완한다.**

㉠ 인간은 완전할 수 없다.

㉡ 일은 한사람 힘으로만 되지 않는다

③ **훌륭한 보좌역이 된다.**

㉠ 상사가 주역이다.

㉡ 임기응변의 조치를 취한다.

④ **상사를 걱정시키지 않는다.**

㉠ 상사는 부하에 관해서 끊임없이 신경을 쓴다.

㉡ 같은 실수를 두 번 되풀이 하지 않는다.

(2) 동료와의 관계

① 경솔하게 신경질을 부리지 않는다.

② 좋고 싫은 것을 노골적으로 나타내지 않는다.

③ 바쁜 일 속에서도 상대방을 생각해 주고 헤아려 주고 서로 격려해 주는 습관을 기른다.

④ 감정의 응어리는 빨리 풀도록 노력한다.

나아가 타인과 일을 같이 하기 위해서는 다음과 같은 기본적 태도가 바람직스럽다.

- 관용 : 자칫하면 자기 생각과 의견이 다른 사람에게는 참을 수가 없다.
- 책임감 : 불리한 일을 타인의 책임으로 돌리고 싶다.
- 정직 : 속임수나 요령 좋은 행위는 고치기 힘든 습관이 된다.
- 쾌활 : 일이 잘되지 않으면 투덜투덜 하기 쉽다.
- 솔직 : 다른 사람으로부터 비판을 받는다든가 자기 결점을 인정하기 보다는 이유를 대는 사람이 되기 쉽다.
- 성실 : 사람에게 자기를 알리기 위해서는 시간이 걸린다.
- 공정 : 이해에 좌우되기 쉬운 것이 인정이다.
- 냉정 : 일에 방해를 당하면 앙갚음을 하고 싶다.

2개의 점을 맺는 최단거리는 직선이며 사람과 사람을 맺는 최단거리는 성실이다.

8) 사람들에게 호감을 줄 수 있는 사람이 되자.

당신은 상사, 부하, 동료의 전원으로부터 또한 남성이나 여성, 노인이나 젊은이, 어린 아이들 뿐만 아니라 미용실 내의 사람들로부터 호감을 느끼는 사람이 되어야 한다. 자기의 "인간정립"에 노력하여 사람들로부터 호감받는 기술을 마스터할 필요가 있다. 인간의 내면을 완성하기 위해서는 외형부터 시작하는 것이 빠르다.

"태도로 표시"하는데 가치가 있는 것이다. 당신이나 나나, 동양사상의 영향을 너무 많이 받고 있는지 모른다. 그렇기 때문에 때때로 "정신론"을 중시하는 언동을 하는 때가 있다. 물론 정신이 있으므로서 태도가 외부에 표출되는 것은 당연하다. 그러나 이때 당신은 외부의 태도를 중시할 필요가 있다.

아무리 당신이 미용실을 생각하고 상사와 동료를 생각하더라도 이 태도가 외부에 나타나지 않으면 "이심전심"이라는 말이 있더라도 주변사람이 알 리가 없으며 그 효과도 얻기 어렵다.

심리적인 연구결과, 오랜 경력을 가진 미용사일수록 태도가 나쁘다고 한다. 그리고 행동반경이 좁은 사람은 태도가 나쁘다.

"디자이너 선생으로 하여금 디자이너 선생답게" 하고 "동료로 하여금 동료답게"하는 것이 중요하다. 그렇게 해야할 책임은 당신에게 있는 것이다.

당신이 당신의 주변사람에게 사랑받는 인간이 되기 위해서는 구체적으로 어떻게 하면 좋을까?

좋은 방법이 있다. 먼저 "어떻게 하면 사람들이 싫어하는가"를 자문자답해 보는 것이다. 답이 많이 나올 것이다. 당신은 내일부터 그 반대의 행동을 당신의 태도로 분명히 나타내면 되는 것이다.

어떻게 하면 사람들이 싫어하는가(구체적으로 기입한다.)

9) 미용실의 인간관계를 좋게 하기 위한 체크리스트(1)

(1) 체크리스트 1

① 돈 문제나 물건 때문에 다른 사람을 불쾌하게 한 일은 없는가?

② 자기에게는 엄격하고 다른 사람에는 따뜻하게 대하고 있는가?

③ 다른 사람이 없는 곳에서 험담을 하고 있지 않은가?

④ 될 수 있는 한 다른 사람의 장점을 발견하려고 하고 있지 않는가?

⑤ 다른 사람의 말을 열심히 들으려고 노력하는가?

⑥ 번민하거나 실의에 젖은 사람에게 마음을 쓰고 있는가?

⑦ 자기의 취미나 신앙을 타인에게 강요하지는 않는가?

⑧ 아는체 하거나 얕은 지식을 뽐내지는 않는가?

⑨ 자만이나 교만에 가득차서 다른 사람의 기분을 무시하는 일은 없는가?

⑩ 자신의 입장 때문에 다른 사람을 비방 중상하는 일은 없는가?

⑪ 다른 사람의 비밀에 흥미를 나타내는 일은 없는가?

⑫ 바로 흥분하는 일은 없는가?

⑬ 아무리 작은 약속도 지키려고 노력하는가?

(2) 체크 리스트 2

① 원장, 사장, 선생들과 당신의 업무협조가 잘 이루어지고 있는가.

㉠ 항상 당신의 일은 상사의 생각대로 진행되는가.

㉡ 당신의 상사는 필요할 때 당신이 있어 주기를 바라는 법이다. 상사가 당신에게 용무가 있어 찾을 때 당신은 곁에 있는가.

㉢ 출근이나 퇴근 등을 일의 형편을 고려해서 하고 있는가.

㉣ 업무에 관해서 무엇인가 좋은 생각이 떠오를 때 상사에게 건의하거나 의논을 하는가.

㉤ 상사가 부재 중 또는 특별히 주어진 일이 없을 때 자기가 할 일을 찾아 수행하는가.

② 동료와 당신은 미용실에서 일의 협조가 잘 되고 있는가.

㉠ 업무관계로 의견을 달리할 때 소(小)를 버리고 대(大)를 취하는 태도를 취하는가.

㉡ 동료가 제시한 아이디어를 솔직히 받아들이는가.

㉢ 상대방의 의견과 다른 경우 실행단계에서 냉담한 태도를 취하지는 않는가.

㉣ 동료 부재 시 전언 등은 확실히 전하고 있는가.

㉤ 동료가 부탁한 일은 확실히 이행하는가.

㉥ 같은 일이나 관련업무로 일손이 빌 때 동료의 일에 협조하는가.

㉦ 동료가 어려움을 당하고 있는 일에 해결의 손길을 뻗치고 있는가.

③ 당신의 일에 전력을 다하는가.

㉠ 어떤 일로 불쾌할 때에도 업무에 전력을 다하는가.

㉡ 불쾌한 일은 속히 해결하려고 노력하는가. 그런 때 당신의 언동이나 일이 타인에게 영향을 미치는 일은 없는가.

㉢ 완전한 일을 하고 있는가. 스스로 판단할 수 없는 일은 “어떻게 할까요” 하고 디자이너 선생의 의견을 들으려 하는가.

㉣ 어떤 장애에 봉착하더라도 최후까지 완수하는가. “해보았지만 안되었습니다”라고 말하는 일은 없는가.

㉤ 자기 일을 분석해 보고 더 좋은 방법을 조직적으로 생각하는가.

㉥ 지시받은 일 뿐 아니라 당신의 일을 능률적으로 하기 위해서 적극성을 발휘하고 있는가.

제8절 올바른 복장과 몸가짐

1) 복장 및 용모

단정한 복장과 세련된 용모는 그 사람의 교양을 나타내는 것임은 물론 다른 사람에 대한 예의인 것이다. 뿐만 아니라 이러한 용모와 복장은 미용실의 이미지를 나타내므로 출근 전후에 거울 앞에 서서 자신의 복장과 용모를 점검해 보아야 한다.

바른 복장과 몸가짐 점검사항은 서비스 마인드 편을 참조 바란다.

2) 몸가짐

(1) 바른 자세와 태도

상대방으로부터 신뢰감과 호감을 얻도록 공손하고 정중한 자세로 근무하여야 하며, 상대방을 향하여 바른 자세와 자연스러운 태도로 응대하고, 말씨나 표정 등에 있어서도 미용인다운 교양과 몸가짐을 가져야 한다.

(2) 호감 가는 몸가짐

우리들의 몸가짐이 좋고 나쁨에 따라 상대방에게 호감을 주기도 하며 불쾌감을 주기도 한다. 교만한 태도를 갖게 되면 주위 사람들에게 불쾌감을 주는 것은 물론 협력을 거부당하거나 외면당하게 된다. 따라서 우리들은 다음 사항에 유의하여 호감 가는 몸가짐을 갖도록 해야 한다.

① 성실한 자세

성실하고 진지한 태도나 몸가짐은 그 사람의 인품이 훌륭하다는 것을 표시하는 것이며, 사람의 마음을 움직이는 힘을 가지고 있다.

② **침착한 행동**

침착한 태도나 몸가짐은 상대방에게 신뢰감을 주며 자신의 품위를 높여준다.

3) 인사

(1) 인사의 의의

인사는 예절의 기본이며 인간관계의 시발이다.

동서고금을 망라하여 인품을 말할 때 예절바른 사람을 제일로 하고 있다. 예절은 사람의 언행으로 나타내는 것으로서 그중에서도 인사가 기본이 되고 있다.

그러므로 인사를 잘하는 것은 도리와 절차에 맞춰 사물을 처리하는 것인 반면, 인사를 하지 않고 무슨 일을 하고자 한다면 그것은 도리를 지키지 않는 것으로서 인간관계를 그르치게 되며 또한 절차를 무시하고 단번에 목적을 취하려고 하는 성급한 처사이다.

인사는 인간사회에 있어서 윤리형성의 기본이며, 미용인에게 있어서는 자신의 인격이다. 윗사람에 대하여는 존경심의 표현이며, 동료 간에는 우애의 상징이며, 고객에 대하여는 서비스를 바탕으로 한 상인정신의 표현이며, 아울러 자신의 인격과 교양을 밖으로 나타내는 것이다. 따라서 인사는 좋은 인상, 부드러운 느낌, 성실한 응대의 이미지를 줄 수 있는 표정으로 때와 장소와 상대에 알 맞는 인사말로 예의바르게 하도록 한다. 또한 항상 먼저 인사하는 습관을 들이도록 하며, 인사를 받으면 반드시 답례를 하도록 한다.

(2) 유의사항

① 인사하는 시점에서 상대방과의 거리는 약 2m 내외가 적당하다.

② 상대방의 시선을 보기 위하여 눈을 치켜뜬다든지 하면 오히려 불쾌감을 줄 수 있으므로 상대방을 바라볼 때에는 고개를 들고 바라보아야 한다.

③ 턱은 앞으로 지나치게 나오지 않도록 한다.

④ 무릎은 굽히지 않도록 한다(무릎을 굽히면 아첨의 인사가 되며 고개만 끄덕이면 버릇없는 인사가 된다).

⑤ 엉덩이를 뒤로 쑥 빼거나 손으로 다른 것을 만지면서 인사를 하지 않도록 한다.

⑥ 보행 중에는 일단 걸음을 멈춘 후 인사를 하여야 한다.

⑦ 손을 주머니에 넣거나 의자에 깔고 앉아서 인사하는 일이 없도록 한다.

※ 인사법과 행동요령은 서비스 마인드 편에 상세히 되어 있다.

4) 올바른 예의와 에티켓

(1) 출근 시 예의와 에티켓

① 아침인사

하루의 일과는 동료나 상사와의 밝은 아침인사로부터 시작되므로 명랑하게 아침인사를 한다.

상사가 먼저 도착하여 자리에 앉아 있다면 책상 앞에 가서 인사를 하며, 또 상사가 옆을 지나갈 때에도 가볍게 인사한다. 인사는 상대방에 대한 존경, 신뢰, 자기소개의 표시로써 상대방에게 호감을 불러일으키고, 친숙한 감정을 느끼게 함으로써 인간관계를 발전시키며, 명랑한 미용실분위기를 조성한다.

② 고객 맞을 준비

고객이 미용실을 방문하기 전에 준비를 마치는 것이 좋으며, 하루일과를 고객이 내방하시기 전까지 마음으로 계획한다.

㉠ 청소, 정리, 정돈한다.

㉡ 전기류 기계, 기구 작동 점검

㉢ 사용제품, 타올, 각종 소모품 점검

㉣ 업무상 필요한 각종 서류 준비

ⓜ 직원들간의 상호정보교환

ⓗ 아침조회 등

(2) 근무 중 예의와 에티켓

① 근무 중 유의사항

㉠ 행동은 언제나 조용히 한다.

㉡ 근무 중의 자세는 항상 단정해야하고 흐트러진 자세를 보이지 않는다.

㉢ 직원 상호간의 대화 시에도 서로 경어를 사용하며, 상대방을 존중한다.

㉣ 옆 사람의 일에 방해하지 않도록 높은 목소리, 웃음소리, 저속한 이야기는 피한다.

㉤ 불필요한 행동을 하지 않는다. (예 : 먹는 행위, 흡연, 신문잡지구독, 화장, 사적전화, 음향기기 청취, 하품, 손톱깍기, 귀 후빔 등)

㉥ 상대가 다른 사람과 대화 중일 때는 “말씀 중에 실례합니다만……”하고 양해를 구한 후 용건을 말한다.

㉦ 자리를 오래 비우거나 외출을 할 경우에는 동료나 윗사람에게 행선지, 용건, 소요시간 등을 알린다.

㉧ 다른 동료들의 작업에 방해가 되지 않도록 한다.

㉨ 다른 동료가 일을 해 주었거나 차나 음료수를 가져다 줄 때는 “감사합니다”라고 고마운 마음을 표시한다.

㉩ 전화는 벨이 울리면 즉시 받아 응대 요령에 따라 통화한다.

(3) 퇴근 시 예의와 에티켓

① 퇴근준비

하루 일과를 마무리 짓는 일도 윗사람 아랫사람 할 것 없이 함께 한다. 실제 일의 양은 아랫사람들이 더 많고 피곤하다는 사실을 윗사람들은 직시하고 함께 도와서 끝내는 것이 좋을 것이다. 가끔 고정관념을 버리지 못한 미용인들을 대할 때가 있다. “옛날에도 다 그랬어! 지금은 편한 줄 알

아. 나 먼저 간다"고 하는 미용인은 빨리 과거로부터 탈피하고 현실을 직시해야 한다.

㉠ 세탁, 세척, 정리, 정돈상태

㉡ 사용한 기계, 기구점검 및 전원 차단

㉢ 사용한 제품체크, 부족한 제품 체크 후 주문표 작성

㉣ 화재, 도난장치 점검

② 퇴근인사

상사나 동료보다 먼저 퇴근해야 할 때는 "먼저 퇴근 하겠습니다"하고 분명히 인사를 한다. 퇴근 시 인사는 오늘 하루도 서로 협조 속에 잘 보냈다는 감사의 마음과 또 희망찬 내일을 기약하자는 예의의 표시이다. 또한 직원 상호간의 즐거운 퇴근인사는 하루 중의 피로를 떨쳐버리고 희망찬 내일을 다짐하는 것이다.

(4) 담배에 대한 에티켓

담배와 관련된 예절의 기본은 "불조심"과 "타인에 대한 배려"이다. 최근에는 흡연의 해악이 크게 대두되어 흡연할 수 있는 흡연구역이 크게 제한되고 있으며 이에 따라 금연자가 늘어가는 추세이므로 가능하면 흡연을 피하는 것이 좋다.

① 담배는 사양해도 예의에 어긋나지 않는다. 고객이나 윗사람에게 담배를 권유받았다고 하자. 그러나 유감스럽게도 자신이 담배를 피우지 않는다든지 피우고 싶지 않는 경우에는 정중히 사양한다.

② 다른 사람의 담배에 불을 붙여 주는 것은……. 고객이나 윗사람에게라도 반드시 붙여 줄 필요는 없다. 담배를 피울 때마다 불을 붙여 주어서는 상대가 오히려 거북스럽게 생각한다. 단지 대화 중에 상대가 이리저리 불을 찾고 있는 경우나 대화의 전개상 상대방의 생각을 끄집어내거나 어색한 분위기를 벗어나기 위해 불을 붙여 줄 수 있다.

③ 윗사람 앞에서는 윗사람의 권유가 없는 한 피우지 않는 것이 좋다. 윗사람이 담배를 피우지 않는 사람이라면 더욱 그렇다. 그러나 회식을 위한 모임이라든지 회의의 석상에서는 직위가 큰 차가 없다면 무방하다.

(5) 음주에 대한 에티켓

직장생활을 하면서 술과 접할 기회가 많다. 술은 인간관계를 깊게 하는 윤활유의 역할도 하지만 공식적인 장소에서는 볼 수 없는 인생의 여러 모습들이 노출됨으로 해서 인간관계가 파괴되는 경우도 있다. 자칫하면 자제력을 잃어 예의에 어긋나는 일을 하게 되기 쉬우므로 항상 조심하는 마음가짐이 필요하다.

① 주석에서의 권유

"어때 오늘 한잔 할까?" 하고 선배가 권유하는 경우, "근무시간 이외에도 자유를 구속하다니" 하고 거절하는 사람이 있다. 그러나 주석의 교제도 근무중 하나라고 그들은 생각하고 불쾌하게 여길 수도 있다. 이럴 때는 적어도 세 번에 한번은 "감사합니다"하고 응낙하여야 한다. 기다렸다는 듯이 즐거워하는 것도 보기에 좋지 않다.

② 주석에서의 금기

주석에서의 매너나 실수가 본인의 미용실 생활에 치명적인 오점이 될 수도 있으므로 유의하여야 한다.

- 경영방법이나 개인에 대한 비판을 하지 않는다.
- 미용실이나 윗사람에 대한 험담을 하지 않는다.
- 평상 시 얌전하던 사람이 주석에서 의외로 말이 많아지면 빈축을 산다.
- 잘난체 지식을 늘어놓지 않는다.
- 회식자리에서 총아가 되려고 애쓰지 마라. 주석에서의 능력이 업무면에서 평가되는 일은 없다.

③ **술잔 돌리기**

우리나라 풍습에는 예로부터 술잔을 돌려가며 정을 나누는 것을 풍취로 여겨 왔으며 이러한 풍습이 오래 지속되어 왔다. 그러나 근래에 와서는 술잔으로 인해 간염과 바이러스 같은 질병이 전염될 수 있다는 이유 때문에 술잔을 돌리는 경향이 줄어들고 있다. 그러므로 술잔을 돌릴 때에는 분위기나 상대가 술잔을 돌려도 좋은지 판단을 하여야 한다. 특히 외국인들에게는 술잔 돌리는 습관이 없다는 것을 기억해 두어야 한다.

또한 상사나 연장자와 술자리를 함께 했을 때 먼저 술잔을 돌리는 것은 예의에 어긋나는 것이다. 윗사람에게 술잔을 받은 후 정중하게 올리는 것이 예의이다.

(6) 악수를 할 때

① 반드시 오른손으로 하며 다른 한손은 자연스레 내린다.

② 바른 자세로 상대방의 눈을 똑바로 쳐다보면서 반갑게 미소지으며 악수한다.

③ 상대가 특히 신분이 높은 사람일 경우는 가볍게 목례하고 악수한다.

④ 연장자나 고객 등 손을 내밀 때에는 신분이 높은 사람이 먼저 내민다.

⑤ 남성과 여성일 경우 남성이 먼저 손을 내미는 것은 실례이다.

⑥ 장갑을 끼었을 때 남성은 반드시 벗어야 하며, 여성은 벗지 않아도 결례가 되지 않는다. 미용실 내에서는 부득이 악수를 해야 될 때에는 반드시 여성, 남성 모두 벗는다.

⑦ 상대방의 손을 잡고 거세게 흔들어서는 안 되며, 잡는 손에 너무 힘이 없거나 너무 꽉 쥐어도 실례이다.

⑧ 손이 더러울 땐 양해를 구하여야 한다.

⑨ 계속 손을 잡은 채로 말을 해서는 안 되며, 인사만 끝나면 손을 놓는 것이 에티켓 이다.

(7) 명함의 교환

명함은 그 사람의 얼굴이고 인격을 대신하는 소개카드이다. 그러므로 명함의 취급은 그 사람을 대하는 태도 바로 그것이어야 한다.

① 명함의 준비

㉠ 명함은 항상 명함집에

명함은 항상 명함집에 넣어 휴대하거나 경대나 안내 데스크위에 비치한다. 명함집 안에는 명함을 거꾸로 넣어 한번의 동작으로 상대에게 바르게 전해질 수 있도록 한다. 특히 자기의 명함이 타인의 명함과 섞여있어 손님 앞에서 자기의 명함을 한참동안 찾아야 하는 일은 없도록 한다.

㉡ 명함은 뒷주머니에서 꺼내지 않는다.

소개 후 뒷주머니를 부시럭거리며 뒤져서 끝이 접히고 더러워진 명함을 내밀어서 상대의 눈쌀을 찌쁘리게 하는 일이 없도록 한다. 또 안쪽 주머니, 허리, 뒷주머니를 온통 다 뒤져야 겨우 찾게 되는 경우는 없도록 한다.

㉢ 명함은 충분히 준비한다.

② 명함의 교환

㉠ 미용실 이름과 자신의 이름을 밝히면서 명함을 고객에게 건넨다(예 : ○○○미용실의 ○○○입니다).

㉡ 자신보다 상대가 먼저 명함을 건넬 경우는 꺼낸 자신의 명함을 일단 좌측 손 명함집 위에 놓고 우선 상대방의 명함을 받은 후 건넨다.

㉢ 명함은 아랫사람이 먼저 윗사람에게 내미는 것이 순서이므로 언제나 상대보다 먼저 내밀 수 있도록 주의한다.

제9절 지시받는 방법과 보고하는 방법

1) 지시받는 법

(1) 지시를 받을 때

① 호명 받으면 즉시 응답한 후, 메모를 준비하고 간다.

② 도중에서 말을 끊지 말고 끝까지 잘 듣는다.

③ 요점을 필기한다.

④ 지시자 앞 30cm 떨어진 곳에서 지시자 시야를 가리지 않도록 하며 별도의 지시가 없는 한 선 자세로 받는다.

⑤ 요점을 간단히 복창함으로써 지시가 잘 전달되었는지 여부를 확인시킨다.

⑥ 능력, 시간, 내용 등을 잘 생각해서 수락여부를 신중히 답변한다.

⑦ 예의바르게 한다.

(2) 의견이 있을 경우

① 상대편의 입장을 생각해서 말한다.

② 공정하게

③ 겸허한 기분으로 솔직하게, 차분히

④ 사실에 입각해서 있는 그대로를 간결하게

⑤ 근거가 되는 자료를 구비하여

⑥ 의견을 명확히 해서, 다시 윗사람의 지시를 받는다.

(3) 받아들이기 어려운 경우

① 타인의 책임이나 일에 속하는 내용일 경우

② 다른 지시사항이나 선약 때문에 시간이 맞지 않는 경우 사정을 잘 설명하여 새로이 지시를 받는 것이 좋다. 너무 쉽게 받아들여 기대에 어긋나

면 오히려 좋지 않다. 예를 들면 “이번에 무슨 회사에서 2박3일 동안 기술연수 코스 연수가 있다는데 자세히 알아본 후 ○○○씨가 다녀오면 어떻겠느냐”고 지시를 받았을 경우 “네 알겠습니다. 알아본 뒤 상세히 보고 드리겠습니다”라고 한다.

(4) 지시를 받고 난 경우

① 지시가 요구하고 있는 일의 내용중 완급과 경중을 가려 일의 순서를 정한다.

② 적기에 보고가 될 수 있도록 노력하고 최종 보고 전 보고내용이 정확하고 충분한 가를 다시 한번 검토한다.

2) 보고방법

① 업무가 끝나면 즉시 보고한다.

가령 지시된 업무가 끝났어도 보고를 하지 않았다면 그 업무는 끝나지 않은 것과 같다. 아무리 간단한 업무라도 재촉받기 전에 신속히 보고하는 것이 좋다.

② 반드시 지시한 본인에게 보고한다.

지시하지도 않은 사람에게 보고를 하면 지시한 윗사람은 업무가 끝나지 않은 것으로 오인할 경우도 있다.

③ 간결하고 알기 쉽게 보고한다.

간단히 요령 있게 보고하되 우선 결론부터 말하고 다음에 이유, 경과, 관계사항 및 자신의 의견을 정확, 간결하게 한다.

④ 필요한 경우 자료를 준비해서 설명한다.

⑤ 필요에 따라 중간보고를 하고 윗사람의 납득을 받고, 새 지시를 받는다(업무의 진행현황, 경과 등을 기술한다). 중간보고가 필요한 경우는 다음과 같다.

• 장기간 소요되는 업무의 경우
• 지시된 범위를 벗어날 때
• 난관에 부닥쳤을 경우
• 지시된 방침, 방법으로 명령수행이 불가능하게 된 경우
• 결과전망이 예견되는 경우

⑥ 문서로 할 필요가 있는 것은 보고서로 보고한다.
문서로 할 필요가 있는 경우는 다음과 같다.

• 중요한 사항
• 내용이 복잡한 것
• 기록으로 남길 필요가 있는 것

3) 보고서 작성방법

(1) 준비한다(plan)

① 요구하고 있는 것이 무엇인가 확실하게 파악한다.
그 보고를 요구하는 사람은 누구인가, 그리고 그 사람은 무엇을 요구하고 있는 것인가, 그 요점을 확실하게 파악하여 그 보고내용을 활용할 사람의 요구에 맞추어 계획한다.

② 사실과 자료를 빠짐없이 구비한다.
기록으로부터의 데이터, 사실의 관찰, 의견, 설명 등 모든 자료를 수집한다.

③ 사실과 자료를 종합하여 개요를 작성한다.
중요한 것을 논리적으로 순서에 따라 정리하고, 항목을 기록하여 개괄적인 골격을 스케치한다.

(2) 기술한다(Do)

① 결론을 앞에다, 그리고 이유, 경과의 순으로 하며 우선 제일 처음에 결론을 간결하게 기술한다.

② 항목별로 작성하여 대제목, 소제목을 붙여 놓는다.
이 제목의 큰 항목만 읽어도 그 보고의 내용이 파악될 수 있도록 작성할 것

③ 알기 쉬운 문장으로 작성한다.
알기 쉬운 용어, 문자를 사용한 간결한 문장으로 작성할 것

④ 한 눈으로 보아도 알 수 있도록 그림 혹은 표를 사용할 것

(3) 검토한다(check)

작성한 채로 제출해서는 안 된다. 일단 작성한 것을 다시 잘 읽어서 내용의 일관성 등을 검토한 후에 제출해야 한다.

제10절 후배 지도요령

여러분은 후배직원에 대해서 의식적으로나 또는 무의식 중에 일을 처리하는 요령이나 사물을 보고 생각하는 방법에 대한 지도를 하고 있다. 신입직원을 비롯하여 후배직원들은 누구를 가장 신뢰하고 누구에게 지도받기를 원하고 있을까? 또한 후배직원들이 그 미용실이나 고객들에게 얼마나 친숙해지느냐 하는 것은 누구에게 가장 관계가 깊을까? 후배직원들은 선배인 여러분을 거울삼아 성장해 간다. 따라서 아무리 좋은 일을 시켜도 선배가 지키지 않는다면 후배들은 불신감만 가질뿐 전혀 효과가 없다.

여러분은 선배직원으로서 항상 후배직원들을 올바르게 지도해야 할 책임을 가지고 있다. 지금까지 쌓아온 경험, 지식, 기술, 애정을 바탕으로 올바른 통솔력을 발휘하여 의식적으로 후배의 지도에 힘쓰지 않으면 안 된다.

1) 선배로서 갖추어야 할 요건

여러분은 조직의 일원으로서 주어진 일을 적극적으로 신속·정확하게 수행할 뿐 아니라 후배에게 항상 모범을 보이며 세심한 지도를 해야 한다. 그러기 위해서는 미용기술과 지식만 풍부하다고 해서 다 해결되는 것은 아니다. 그러면 선배직원인 여러분이 필수적으로 갖추어야 할 요건에 대해서 알아보자.

(1) 미용업무에 대한 기술과 지식

여러분이 매일 수행하고 있는 일의 성격이나 처리방법, 관련기술과 지식 등을 말한다. 이러한 지식과 기술은 어떤 사람은 미용사로 수년간 근무하고 난 후에야 비로소 습득하는 반면에 열심히 연습하고 배워 단시일 내에 습득하는 사람들도 있다. 여러분은 자기가 맡은 업무에 대한 기술과 지식에 있어서는 어느 누구보다도 정통해야 할 것이다.

(2) 책임에 관한 지식

미용실의 방침, 규정, 미용인으로서의 자세에 대하여 직원으로써 지켜야 할 미용실 규율 등에 관한 지식이다. 여러분은 각자의 권한과 책임한계를 명확히 이해하고 있어야 하며 여기에 맞도록 자신의 행동 기준을 설정하도록 해야 한다.

(3) 작업지도의 능력

이것은 여러분이 후배를 지도함으로써 작업상의 손실과 낭비(시간, 제품, 약품 등)를 줄이고 기구의 파손이나 크레임(claim) 발생의 원인을 제거하는데 없어서는 안될 능력이다. 여러분은 이러한 능력을 가지고 있어야 만이 후배에게 명확한 지시를 할 수가 있고 자기가 생각한 바를 정확하게 전달할 수 있다.

(4) 통솔의 능력

이것은 후배들과 함께 일하는데 있어서 그들이 기꺼이 일할 수 있도록 이끌어가는 능력으로서 리더쉽(leadership)이라 고도 한다. 이러한 리더쉽이 뛰어난 사람은 좋은 인간관계를 유지할 수 있도록 미용실 내에서 일어날 수 있는 여러 가지 문제의 발생을 사전에 예방할 수 있다.

(5) 일하는 방법을 개선하는 능력

일을 하는 방법에 있어서는 노력과 동작을 개선해 나가는 능력이다. 여러분은 항상 문제의식을 가지고 일에 임하여 매일 매일 진보와 발전을 거듭해야 할 것이다.

이상 열거한 지식과 기술, 업무능력에 자신이 생길 때에 비로서 후배에 대한 올바른 지도를 할 수 있을 것이다. 애매한 지식으로 지도하는 것은 후배로 하여금 진취의욕을 잃게 한다. 반드시 정확하게 가르쳐주지 않으면 안 된다.

2) 일을 효과적으로 가르치는 법

머리카락을 보고 만지면 드디어는 그것이 손상모인가, 가는모인가, 뻣뻣한모인가, 건강모인가를 쉽게 진단할 수 있게 된다. 한 종류의 꽃향기를 자주 맡으면 드디어는 향기만으로도 그 꽃을 분간할 수 있게 되듯이 사람은 5관을 이용하고 또한 그것을 통하여 새로운 것을 배우게 된다. 그러므로 일을 가르칠 때는 다음과 같은 순서에 따라 꾸준한 반복을 통해서 숙련될 때까지 가르쳐야 한다.

(1) 일을 배우고자 하는 의욕을 갖게 한다.

"말을 강가로 몰고 갈수는 있어도 억지로 물은 먹게 할 수 없다"는 말이 있다. 일에 대한 흥미와 배우고자 하는 의욕이 없이는 아무리 가르쳐도 능률이 오르지 않는다. 그러므로 일을 가르칠 때는 먼저 동기를 부여해 주어야 한다.

(2) 설명하면서 시범을 보인다.

후배의 기술과 미용지식의 정도를 확인하고 난 후 수준에 맞게 일을 단계별로 천천히 명확하게 시범을 보이며 설명한다. 요점을 특히 강조하면서 반복해 주어야 한다.

(3) 실제로 하게 하여 확인한다.

일을 단계별로 나누어 실제로 시켜보고 할 수 있게 되면 칭찬하고, 틀리면 곧 시정해 주어야 한다. 완전히 할 수 있을 때까지 끈기 있게 몇 번이라도 연습시켜야 한다.

(4) 가르친 결과를 확인한다.

혼자서 할 수 있게 되면 그냥 내버려 둘 것이 아니라 때때로 관찰하고 격려를 해주도록 한다. 또한 의문이 있으면 언제라도 질문을 하게 하도록 배려해야 한다.

3) 올바르게 칭찬하고 주의를 주는 방법

(1) 칭찬하는 법

미용실에서 열심히 일하고 윗사람의 말에 따르는 것은 사회적 의무감과 미용업을 사명으로 생각하는 사고에서 나온 것이라고 하지만 그 밑바탕에는 자기가 일을 잘함으로써 인정받고 또한 칭찬받고 싶어 하는 강한 욕구가 작용하고 있기 때문이다.

윗사람으로부터 칭찬을 받을 때는 급료를 얼만큼 더 많이 받는 것 보다 훨씬 더 기분이 좋은 법이다. 칭찬은 자아를 만족시키기 때문에 일종의 보수인 것이다. 그러나 여기서 문제되는 것은 칭찬을 하더라도 언제 어떻게 해야 하는가 하는 점이다.

일이 보통 때보다 특히 잘됐을 때나 좋은 행동이나 태도를 보여 주었을 때에 한해서 해야 한다. 그리고 어린이들에게 하는 것 같은 노골적인 칭찬보다 일의 결과나 사실을 시인하거나 인정하는 형식이 좋다. 쑥스럽다는 이유로 칭찬할 시기에 칭찬하지 않은 것은 일종의 처벌을 가하는 것이나 마찬가지이다.

(2) 주의를 주는 방법

일을 하다 보면 주의를 주어서 잘못을 깨닫도록 해야 할 때가 있다. 이때는 다음과 같은 방법으로 주의를 준다.

① 첫째로 잘못된 행위자체에만 주의를 주어야지, 행위자 자신에게 결부시키면 안 된다.

다시 말하면 잘못을 저지른 사람의 인격자체를 모독하는 식으로 주의를 주어서는 안 된다. 예를 들면 “조금 더 연습을 해야 되겠네요”하는 것과 “너 어디에서 근무했다고?” “가정교육을 그 따위로 받았느냐?”또는 “어디서 배웠다고 그랬지?”하는 것은 전혀 다른 의미로 받아들이게 된다. 전자는 잘못을 솔직히 시인하고 앞으로는 조심을 하게 되나 후자는 자존심을 건드려

소위 인간적인 적대감정이 생겨난다. 이렇게 되면 오히려 주의를 주지 않은 것보다 못한 결과를 초래할 수도 있다.

② 둘째로 주의를 주는 내용이 명백해야 한다.

무슨 일을 어떻게 잘못했는지를 이해시키지 못하면 반감만 사게 된다. 진정한 원인도 확인하기 전에 먼저 소리 지르고 꾸짖고 난 후에 그런 줄 몰랐다고 사과하는 사람을 흔히 볼 수 있다. 그나마 사과도 하지 않고 마음속으로만 미안하게 생각하고 자기 위신을 손상시키지 않으려는 한심스러운 사람도 있다.

③ 셋째로 잘못을 저질렀을 때 즉시 주의를 주는 것이 효과적이다.

단 혼자만 개인적으로 있을 때 행해져야 한다. 주위에 동료나 고객이 있을 때는 개인적으로 치명타가 될 수 있다. 시일이 오래 경과할수록 효과는 떨어진다. 잘못을 저지른 사람은 야단맞지 않을까 하는 불안감을 가지고 있기 때문에 한 시라도 빨리 벌을 받고 심리적 부담감에서 헤어나고 싶어 한다.

여러분이 후배에게 주의를 줄 때 유의해야 할 것은 대수롭지 않은 일에도 자주 주의를 준다거나 불쾌한 자기감정을 풀기위해서 꾸지람을 주는 것은 금해야 한다. 또한 주의를 주고난 뒤에는 반드시 위로와 격려의 말을 잊어서는 안 된다. 그래야만 여러분은 진실로 존경받는 선배로서의 역할을 다하게 될 것이다.

CHAPTER 2

서비스 마인드

(고객관리와 마케팅을 위한 미용서비스)

CHAPTER 2

서비스 마인드

(고객관리와 마케팅을 위한 미용서비스)

제1절 미용서비스란?

유능한 기술(high technique) + 전문지식(professional knowledge) = technical knowledge + 고감도(high touch) → 미용사(beauty artist)의 서비스

미용사의 서비스

↓

훌륭한 기술 = 숙련도(전문기술 훈련정도)
창의력(스타일의 변화)
과학성(종목별 과학적인 증명)

사람
(人間)

고감도 서비스
= 언행(言行) → 자세, 태도
마음(표정, 친절도, 정성)

전문지식 = 미(美)에 대한 과학적인 정보
미용기술에 대한 전문지식
고객상담을 위한 전문지식 경영에 관한 지식

↓

고객에게 느낌 전달(customer feeling)
(high tech + human touch)

↓

고객만족서비스
(customer satisfaction service)

결 과

성공 번성(잘된다)

제2절 미용서비스는 사람이 한다.

미용 산업의 서비스는 고객의 욕구를 충족시키는데 절대적인 역할을 수행하는 직원들에 대한 원장의 견해와 시각은 어떠한가? 경영자들은 직원들에 대해 어떠한 시각을 가지고 어떻게 관리를 해야 하는가? 고객의 행동에 대한 이해만큼 직원에 대한 이해가 중요한 것은, 그들에 대한 올바른 이해를 통해 경영자가 그들을 관리하는 방법과 방향에 있어 어떤 중요한 요소를 발견할 수 있고 이러한 요소가 고객만족을 위한 첩경이라 할 수 있기 때문이다.

어느 경영자나 최고가 되고 싶은 마음은 마찬가지이다. 하지만 최고가 되기까지의 목적의식과 목표가 구체적인 사람만이 가능하다는 것이다. 막연히 열심히 한다기 보다는 무언가 구체적인 목표를 세우고 이를 위해 부단히 훈련하면서 이를 반복적으로 검토해야만 한다. 경영자들은 대부분 이렇게 최고의 상태가 되기를 원하면서도 마인드가 같아야 할 직원들에 대한 투자를 꺼린다. 물론 직장을 쉽게 이동하는 확률이 많기 때문이라고는 한다. 그렇다고 비바람이 불고 눈보라가 친다고 밖에 나가서 씨를 뿌리지 않거나 김을 매주지 않으면 결과는 어떻게 되겠는가?

그리고 1회~2회정도 교육훈련을 하고 효과가 없다며 쉽게 포기하거나, 교육훈련을 하였는데도 효과가 오래 지속되지 않고 1주~2주 간다며 더 이상 하지 않는 원장도 많이 볼 수 있었다. 이것은 원장(경영자)의 정신과 철학이 결여된 상태이거나 근본적으로 투자의(시간, 물질) 개념이 없기 때문이다. 미용은 과거에도 그랬고 앞으로도 사람의 손으로 기술과 마음으로 고객과 접해야 할 업종이다. 그래서 인재양성은 더욱더 중요한 일이 아닐 수 없다.

직원들은 비젼(vision)이 없는 미용실에서는 근무를 더 이상 하지 않으려 한다. 뚜렷한 비젼이 있었을 때 경영자에게 적극적으로 협조할 것이다. 비젼을 제시하는 것은 리더가 조직의 변화를 주도하는 데에서 가장 중요한 것이다. 조직과 조직원이 나아가야 할 길을 모르는 상태에서 변화를 시도한다는 것은 혼란만 더욱 가중시키는 일이기 때문이다.

직원들은 단순히 금전과 같은 특정 수치만을 목표삼아 일하기보다는 무언가 의미있고 중요한 일을 하고 있다는 사실에 자극받기를 희망하고 있다. 고객을 위해 무엇인가 중요한 일을 하고 있다는 사실이 직원들에게 긍지와 자부심을 심어주게 될 것이다. 결국 그 미용실의 비젼은 그 자체로서 고객만족을 위한 중요한 경쟁무기가 될 수 있다.

- 사람을 최우선으로 하는 ○○○미용실
- 고객을 아름답게 꾸미는 싸이언스 뷰티 살롱(science beauty salon)
- 사람을 위한 쾌적한 공간
- 고객의 두발건강과 직원들의 풍요만을 생각한다.

제3절 고객의 시대

미용실간의 과잉경쟁은 질(質)적인 부분보다는 감정대립관계 그 자체로 치닫도록 하였으며 고객지향적 사고가 생존을 위한 필수요건 임에도 불구하고 고객은 아랑곳하지 않고 자기식대로의 운영방법으로 나아가고 있다.

지금까지의 운영자 중심의 사고에서 벗어나 고객위주의 경영으로 전환해야 하며 내부고객인 직원들과 외부고객인 손님을 중심으로 한 경영방법으로 질이 좋은 서비스를 제공하여야 한다.

고객의 눈으로 보면 모든 것이 새롭다. 고객은 미용실을 방문할 때에 자신의 모습을 예쁘게 가다듬고 방문하지 않는다. 그저 있는 그대로의 모습으로 방문한다는 표현이 좋을 듯 싶다. 드라이를 하기 위해 집에서 샴푸만을 하고 젖은 상태로 방문한다든지, 올림머리를 하기위해 헝클어진 머리상태이든지 하였을 때 건조시킨 다음 가지런히 빗질하여 드라이 하고 머리카락으로 모양을 만들기 시작하면 어느덧 우아한 모습으로 변하게 되는 자신의 새로운 자태를 고객은 느끼게 되고 이에 상응한 요금을 지불하게 되면서 만족하게 된다.

고객의 시대에는 고객만을 위한 시스템이 절실히 요구되고 있다. 편리함, 안락함, 쾌적함, 상큼한 느낌과 고객을 위한 정보와 언어 그리고 위생상태 등을 고려하여 고객만을 위한 천국으로 만들어가는 것이다.

제4절 고객을 알아야 한다.

고객을 알기 위해서는 고객의 마음을 읽을 수 있어야 하며 고객의 아름다움을 발견할 줄 알아야 한다. 아름답게 해주는 것도 중요하지만 고객의 아름다움을 발견해 주는 것은 더욱 중요한 일이다.

(1) 고객은 날로 지혜롭다.

고객은 오히려 미용사(전문가)보다 더 많은 정보를 가지고 있을 수 있다. 잡지를 보거나 친구를 만나서 전해들은 정보를 가지고 방문한 미용실에 와서 요구할 때 모른다고 할 수는 없다. 예를 들어 "볼륨 퍼머아시죠? 볼륨 퍼머 해주세요" 하였을 때 그 퍼머를 시술할 수 있는 기술과 지식, 기구가 있다면 좋으련만 처음듣는 얘기라면 얼마나 낭패인가?

(2) 고객은 항상 옳다.

고객은 논쟁할 상대가 아니다. 누구도 고객과의 논쟁에서 이긴 사람은 없다.

사람들이 저지르는 잘못의 하나는 말로써 상대방을 제압하려 한다는 점이다. 특히 똑똑하다는 사람일수록 논쟁하기를 좋아한다. 그들은 대단히 논리적이고 머리회전이 빨라서 대개의 경우 논쟁에서 승리한다.

그러나 논쟁에서의 승리란 과연 무엇을 의미하는가. 그것은 인간관계의 패배를 의미한다. 사람은 누구나 지는 것을 싫어한다. 자기자신이 우월한 사람으로 대접받고자 한다. 그러므로 논쟁이 시작되면 부지불식간에 자기의 주장을 상대에게 입력시키려 애쓴다. 미용을 하는 미용인(기술)들은 누구보다도 강하다. 자신의 잘못을 인정하기 보다는 자기 주장의 정당성과 우월성을 입증하려 한다. 논쟁에서 공동승리란 없다. 결국 어느 한쪽이 이기거나 무승부로 끝나는 것이다. 이렇게 되면 고객은 재방문하지 않게 되고, 미용실은 힘이 들게 된다. 만약 고객과 아랫사람들과의 논쟁을 일삼는 디자이너가 있다면 얼마나 불행한 일인가.

논쟁에서 진 사람은 열등감을 느끼거나 자존심이 상해 분개하게 된다. 반면에 논쟁에서 이긴 사람은 속으로 쾌재를 부를지 모르나 기분만 좋을 뿐이지 실제로는 잃은 게 많다. 그래서 '논쟁은 이겼다 해도 진 것'이다 라는 말이 있다. "논쟁의 눈부신 승리와 상대의 호의를 얻는 것은 절대로 양립할 수 없다"고 카네기는 말했다. 링컨은 "자기에게 약간의 정당성이 있다고 생각되더라도 작은 일에는 양보하는 것이 좋다"고 처세술을 전한다.

(3) 고객만족은 선택이 아닌 필수이다.

우리에게는 선택권이 없다. 마음에 들지 않거나 느낌이 좋지 않으면 고객은 언제든지 다른 미용실을 선택할 수 있는 권한이 있기 때문이다. 고객만족은 필수이다. 즉 반드시 만족시켜야 한다. 수험생이 필수과목 시험을 치르지 않으면 통과점수가 나오지 않듯이 역시 고객도 오지 않게 된다.

(4) 고객은 무한 선택이 가능하다.

고객은 느낌이 좋지 않을 경우 만족을 느끼기 위해서는 다니던 미용실도 아랑곳하지 않고 미련없이 떠난다.

(5) 고객은 나와, 미용실과 우리 가족을 행복하게 한다.

결론부터 말하자면 돈과 일을 동시에 가져다주기 때문이다. 요즘 어려운 시대를 맞아 가장 불운한 사람은 일을 하고 싶어도 일이 없는 사람이요, 가정에서 가족들 보기가 민망하여 집을 나왔지만 돈이 없어 길거리에서 노숙해야 되는 신세인 것이다. 기술을 가지고 있고 일이 있는 우리는 얼마나 행복한가? 이 행복은 곧 고객이 가져다준다는 사실을 망각해서는 안 된다. 아무리 능력이 있고 기술이 뛰어난다고 한들 고객이 없는 미용실은 행복하다 할 수 없을 것이다.

제5절 고객은 최고의 홍보맨이다.

고객은 불만을 느끼면 느낀 대로, 만족을 느끼면 느낀 대로 전달하거나 소문을 퍼뜨리는 것이 아니라 고무풍선처럼 부풀려서 알린다.

그래서 우리는 우리에게 선택할 수 있는 권한이 없고 고객에게만 주어지며 "고객만족은 선택이 아니고 필수"이다는 것이다. 필수라는 것은 전제조건이 있으며 그것은 바로 반드시 만족시켜야 한다는 것이고 서비스업에 있어서 지상명령과도 같다.

고객이 원하거나 기대하는 바를 알기 위해서는 "고객의 소리(voice of customer)"를 체계적이고 정기적으로 체크해야 한다. 고객은 미용실에 끊임없이 아이디어를 제공해 주는 원천이며 미용실은 고객과의 밀착대화를 통하여 그들의 욕구를 파악하고 잘못된 점을 개선하려는 자극을 받아야 한다. 고객의 소리가 직원들에 의해서 묵살되거나 시정되는 기미가 보이지 않으면 고객은 더 이상 아이디어를 제공하지 않는다.

귀를 활짝 열고 직원의 소리와 고객의 소리를 듣는 새로운 사고의 경영자만이 존재할 수 있다. 어떤 이유로든지 고객의 소리를 듣지 못해 해결되지 않는 채로 남겨진 고객의 불만은 미용실들에게는 큰 문제이다. 그들은 대부분 자기가 기분 나빴던 일을 상기시키며 불만을 늘어놓는 "걸어 다니는 최악의 광고, 테러리스트"임이 틀림없기 때문이다.

고객은 최상의 마케팅(marketing) 맴버이다. "만족하시면 모든분들에게 알려 주시고 문제점을 발견하시면 저희들에게 말씀해 주세요"라는 문구를 활용해 고객에게 지속적으로 홍보하는 것이 좋을 것이다.

미용실과 고객은 항상 함께 존재한다.

제6절 고객의 마음을 기억하는 개인 마케팅 (individual marketing)

고객관리, 서비스, 업무상 원활성을 기하기 위하여 컴퓨터(computer)를 사용하는 미용실이 많이 늘었다. 사용 용도에 따라서 보다 더 높은 질의 서비스가 이루어질 수도 있고 별로 효율성이 없을 수도 있다.

단순히 문자발송이나 고객카드 기록만을 위한 것이라면 큰 기대는 하지 않는 것이 좋을 것이다. 고객정보를 이용한 마케팅은 고객과 미용실간의 커뮤니케이션(communication)을 원할히 하는 것외에 고객 선호도를 높이며 많은 비용을 절약하는 효과도 있다. 궁극적으로 고객감동을 준다. 고객이 미용실을 방문할 때까지 막연히 기다리는 것이 아니라 새로운 스타일(style)을 제안하며 "손님께 이러한 스타일이 너무 잘 어울릴 것 같아요"라며 고객의 평소의 헤어스타일과 체형에 대해서 구체적으로 설명한 내용과, 새로 나온 스타일의 장점으로 이렇게 하면 더욱 아름다울 것 같다는 것과, 새로나온 사진을 동봉하여 보냈을 때 고객은 "내가 다니는 미용실에서 어떻게 나에 대해서 이렇게 구체적으로 파악하고 있다는 말인가" 하며 만족감을 느끼지 않을 수 없을 것이다.

고객이 서비스를 필요하게 될 때를 미리 예상해 시기적절하게 제안형 관리 시스템으로 바꾸는 것이며 이러한 마케팅 전략은 고객의 방문 싸이클(cycle)을 단축시킬 수 있다. 고객이 지난번 방문 시 커트(cut)를 하다가 약간 짧아진 것 때문에 조금 불쾌한 느낌인 것 같았다는 느낌이 있는 즉시 문자발송을 하여 사과의 글을 보내면서 "다음에는 고객이 원하는 길이와 모양을 만들어서 마음에 쏙 들도록 해 드리겠습니다" 라는 사후관리가 있을 때 고객의 만족지수는 상승하게 되고 만족도 또한 더할 것이다.

고객은 말로는 표현하기 힘든 그 무언가 때문에 미용실을 다시 찾게 되고 그 알 수 없는 무언가는 연인사이에서 일어나는 미묘한 감정과도 같은 것이다. 연인관계에서 먼저 마음의 문을 여는 자세가 중요하듯 미용실도 이제는 적극적인 방법으로 고객에게 손을 내밀어야 한다.

최근 학계에서도 소비자의 이성적, 합리적인 측면 외에도 경험적, 감정적 측면을 중시하는 연구가 많이 진행되고 있다. 미용실을 방문하고 있는 고객의 감정이 중요시되고 있다. 사람의 감정이라는 것 또는 기분이라는 것, 이것만큼 다루기 조심스럽고 마음대로 안 되는 것이 있을까?

그래서 앞으로의 서비스는 느낌(feeling) 전달이다. 이 느낌에 의해서 상호작용을 하게 되어 있다. 한 가지 분명한 것은 사람들은 큰 물질적 이익보다도 작은 정성이나 관심에 더 큰 감동을 받는다는 것이다.

제7절 고객이탈을 막자.

종래의 공격적 마케팅에서는 피나는 전투로 저가요금, 판촉물공세로 동업에 종사하는 동료들에게 많은 피해를 주었고 심하게는 서로 감정싸움도 서슴치 않았다. 요금파괴도 중요하지만 원가계산도 해봐야 하고 판촉물도 좋지만 수익성, 효율성도 고려하여 충분한 검토가 있어야 할 것이다. 요금파괴보다도 요금의 다양성을 제안하고자 한다. 기존 요금표를 없애고 새로운 요금표를 만드는 것이 아니라 기존 요금표를 유지하면서 낮은 요금표를 만들어 요금표의 범위를 넓히는 것을 말한다.

과거에는 고객을 빼앗아 신규고객을 유치하는 것을 강조하였으나, 최근에는 기존고객의 이탈을 막고 기존고객의 유지를 강조하는 방어적 마케팅이 중요해지고 있다. 오시는 고객 막지말고 가시는 고객 붙잡는 방법은 찾아오시는 고객에게 초일류의 기술과 서비스만이 가능하다. 고객의 수명이 단명하고 있는 것은 동업자들끼리의 전투 때문에 고객은 철새들처럼 몰려다니게 되고 문제점을 느끼면 다시 되돌아오는 회귀본능을 가지고 있다. 따라서 초지일관으로 고객에게 최선을 다하는 미용실만이 발전이 가능하다.

기존고객을 유지시키지 못하고 이탈을 못 막으니까 우리는 계속적으로 신규고객을 유치해야 하고 신규고객을 유치하기 위해서 막대한 비용을 투자하고 있다. 이것이 반복되면 수익성도 없을 뿐만 아니라 모두가 불행한 형태로 변할 것이다. 만약 대다수의 고객들이 1~2년안에 떠나간다면 신규고객의 유치는 밑빠진 독에 물붓기가 될 것이다. 항아리에 주먹만한 구멍이 있으면 새로 물을 긷는 것보다는 구멍을 막아 빠져나가는 물을 막는 것이 현명하다. 마찬가지로 새로운 고객을 유치하는 것도 중요하지만 기존고객 이탈을 막아야 한다. 대부분의 고객이 단명하고 떠나간다면 새로운 고객을 유치할 때마다 손실은 더욱 증가할 것이다.

그러면 새어나가는 물을 막게 되면, 즉 고객이탈을 방지하면 어떤 효과가 있을까? 만약 기존고객이 계속 방문해주고 신규고객이 서서히 증가한다면 그 미용실은 번성하는 미용실이 될 것이고 높은 순이익을 거두게 될 것이다.

장기고객으로부터 얻는 또 다른 이익은 이들이 무료로 제공하는 광고효과이다. 충성고객은 여러해에 걸쳐 자신이 다니는 미용실을 다른 사람에게 선전할 것이다. 이른바 긍정적인 구전 효과이다. 결국 만족한 고객은 최선의 광고요, 최상의 세일즈맨인 것이다.

지금의 고객이 평생고객이 될 수 있도록 항상 모든 면에서 정성을 다한다는 자세가 중요하다. 평생고객을 확보하고 장기적 관계를 쌓아가다 보면 이익은 저절로 늘어간다는 것이다. 자신의 경영진단을 스스로 해보자. 고객에게 무엇을 심어 왔는가, 열매를 맺기 위한 나무였는가 잎만 무성한 나무였는가, 혼자만 따먹을수 있는 양의 나무인가 아니면 직원과 고객 그리고 내가 함께 따먹을 수 있는 나무였는가, 다른 사람이 심어놓은 나무를 뽑아버리지는 않았는가, 오늘도 밑빠진 독에 물붓기를 하고 있지는 않는가?

제8절 재치있는 서비스

상황판단을 빠르게 하여 그 일을 원만히 처리하는 사람은 항상 주위로부터의 칭찬과 호응도가 높다.

휴가를 받은 디자이너가 있었다. 그런데 그날 그 선생의 단골손님이 사전 예약 없이 찾아와서 디자이너를 찾는 순간 다른 디자이너 선생이 "오늘 쉬는 날이예요. 전화 해보고 오시지 그냥 오셨어요" 한다. 이때 고객은 기분이 썩 좋을 리가 없다. 본인이 원하던 디자이너가 없기 때문에 기분이 좋지 않은데다가 "그냥 왔느냐"고 말하자 기분이 더욱 나빠진 상태인데 설상가상으로 "급하시면 하고 가시고……."라며 빈정대기 시작하자 고객은 당황하기 시작한다.

그때 실장이 다가와서 "죄송합니다. 무엇을 도와드릴까요?" 하고 친절히 물어왔다. 당황한 고객은 안정을 되찾고 "누구 디자이너 오늘 쉬는날 이라고요?" 하자 "네 그렇습니다. 매주 첫째 수요일과 셋째 수요일은 그 선생님께서는 쉬는날입니다. 여기까지 오시느라 수고 많으셨는데 어쩌지요. 참으로 죄송하게 되었습니다." 하자 고객은 "그럼 아가씨가 제 머리좀 해 주실래요?" 하여 작업을 하였다. 이와같이 전자는 퉁명스럽고 비아냥거리는 반면 후자는 상황을 파악하고 있었으며 고객의 상황에 대해서도 유연하고 친절한 태도를 보였다.

고객이 미용실을 방문하여 퍼머를 하러 왔다며 겉옷를 벗어 맡기려는 순간, "아차 내 정신좀 봐 글쎄, 지갑을 놓고 왔지 뭐야" 라고 말씀하실 때 어떻게 대처하겠습니까?

이때에도 역시 고객의 실수까지도 너그러이 포용하여 오히려 그것을 기회로 삼을 수 있는 서비스 정신이야말로 각박한 세상을 살아가는 고객들에겐 신선한 감동이 된다.

제9절 조용하다고 만족한 것은 아니다.

우리는 보통 사람의 성격을 이야기할 때 무슨 일에 대해서 삼키는 형이 있고, 내뱉는 형이 있다고 말하며 삼키는 형은 잘 참는다 또는 인내심이 강하다고 하고 내뱉는 형은 불만이 많다고 말한다. 어떠한 형이 좋다 그렇지 않다라고 생각하기보다 나름대로 성격에 따라 장점과 단점이 있는 것 같다. 삼키는 형의 사람이 화를 참다보면 병이 되어 견디기 어려운 모습을 종종 보기도 하고 내뱉는 형의 사람이 불만을 토로하는 것 같은데 성격이 활달하고 일도 잘한다.

미용실의 입장에서도 고객이 조용하다고 해서 고객이 만족했으리라고 착각하면 곤란하다. 고객은 7%만이 직접불만을 토하고 93% 이상이 침묵을 지킨다는 것이다. 알고보면 조용한 고객에게는 두가지 유형이 있는 것이다. 하나는 진정으로 만족한 고객이고 다른 하나는 불만족했지만 침묵하는 고객이다. "떠날 때는 말없이……." 라는 노래 가사처럼 불만이 있음에도 침묵을 지키는 고객은 그 미용실을 재방문하지 않는다. 70년대에서 80년대초까지만 해도 고정고객이 70% 이상이었던 업종이 바로 미용업이었다. 그러나 지금은 20~30%만이 고정고객이고 70% 이상이 유동고객으로 형성되고 있는 현실에 떠나가는 고객 등쪽을 향하여 "감사합니다. 안녕히 가십시오" 라고 하지 않았는가 생각해 보자. 고객불만의 해결을 통해서 미용실에 등을 돌릴 수 있었던 고객을 오히려 잡아둘 수 있다. 그저 고객불평을 들어주는 것만으로도 고객이탈을 크게 줄일 수 있는 셈이다.

원장에게 퍼머시술을 받았던 고객이 디자이너의 퍼머시술을 원하며 디자이너에게 다가가 시술을 받고 있을 때 원장이 시샘을 내거나 질투 따위는 있을 수 없다. 역시 반대로 디자이너의 고객이 인턴에게 다가가서 머리손질을 원할 때 디자이너는 아래사람과의 갈등을 조장할 필요도 생각할 필요도 없다. 왜냐하면 미용실은 누구의 개인을 위해 존재하는 것이 아니라 고객을 위해서 존재하며 선택권은 항상 고객에게 있기 때문이다.

위에서 언급한 고객불평은 동네정보를 미용실까지 끌고 들여와 수다떠는 것과는 거리가 멀다. 미용실은 미(美)를 가꾸는 곳이지 동네 아주머니들이 모여 남의 말을 하는 곳이 더 이상 되어서는 안된다.

불만고객에게 불평을 털어 놓을 기회를 주는 것, 그 자체만으로도 불안해소에 많은 도움이 된다는 것이다. 여러분도 그 누군가에게 그동안 쌓였던 불평을 줄줄이 늘어놓아 본적이 있을 것이다. 그렇다보면 가슴이 왠지 후련해지는 걸 느끼지 않았는가? 고객만족은 고객불평을 듣는 것으로부터 시작한다는 말도 이런 맥락에서 이해될 수 있을 것이다.

따라서 미용실의 불만고객이 속시원히 불평을 토로할 수 있도록 적극적으로 유도해야 할 것이다. 조용한 불만고객에게 문제가 있다는 사실을 간파하지 못하고 있다가 그 고객을 잃어버릴 수 있기 때문이다.

불만고객이 불평을 토로할 때 만이 문제를 인식하고 이탈을 막을 수 있다. "까다로운 고객이 많을수록 우리의 기술은 더욱더 향상되고 서비스의 질은 향상되게 되어 있다."

고객이 조용하다고 해서 그저 만족했으리라는 안일한 환상을 깨고 고객이 진정으로 만족했는가를 확인해야 할 것이며 머리시술 받는 과정도 중요하지만 마지막 마무리에서부터 계산하고 나가기까지의 고객의 표정을 잘 살펴야 한다. 이 조용함이 만족의 무언의 소리인가, 아니면 분노를 삼켜버린 침묵인가?

제10절 눈높이 서비스

고객이 출입문을 통과하여 의자나 쇼파에 앉아 있을 때 “차 한잔 하시겠습니까”라든지 “무엇을 도와드릴까요” 라고 문의를 하다보면 고객의 상대적인 위치 때문에 고객이 직원을 올려다보는 상태가 된다. 물론 대부분의 사람들은 그러한 위치관계에 너무나 익숙하기 때문에 별 생각없이 대화를 하겠지만 고객만족에 대해 한번이라도 생각해본 고객이라면 자기를 내려다보는 종업원에 대해 불쾌하게 느낄지도 모르는 일이다.

이런 점을 감안하여 고객과 대화를 할 때는 반드시 허리를 굽혀 눈높이 자세를 취하거나 더욱 낮추어 고객의 눈 아래에서 고객과 대화하는 형태를 취하는 등 대화의 높이를 고객위주로 기발하게 바꾼 예가 있다. 생각하지 못한 이 기발한 서비스에 미용실을 찾는 고객들은 순간 당황하기도 하고 또는 그 아이디어에 감탄하기도 한다. 미용 요금이 비싼데도 불구하고 많은 사람들은 발길이 끊이지 않는 것도 이러한 노력에서 그 원인을 찾을 수 있을 것이다.

비행기를 타고 목적지로 가는 동안의 기내서비스를 미용실 원장이 이미 받아본 경험이 있는 터라 적극적으로 협조하여 주었고 미용실에서는 성공하였다.

고객과 눈높이를 맞추는 눈높이 서비스를 제공하여 고객들로부터 호평을 받고 있다. 남자와 여자가 눈을 맞추면 사랑이 싹트듯 고객과 직원이 눈을 맞추면 감동의 씨앗이 자라기 시작한다. 미용기술 서비스, 접객서비스를 고객의 연령, 직업, 신체구조, 성격 등을 잘 파악하여 고객에게 가장 잘 어울릴 수 있는 황금률을 찾아내 주는 것이고 만들어 내는 것이다.

제11절 일(스스로)+마음의 서비스 =고객만족 또는 갈등

미용실에서 기본적 서비스는 어디에서든지 이루어지고 있으나 초일류 서비스가 제공되는 미용실은 많지 않다. 어느 미용실에서나 공통적으로 실시되고 있는 기본적인 기능 임무수행 노력으로는 미용분야에서는 성공을 거둘 수 없다. 지시나 명령의 범위를 넘어서는 미용사의 스스로의 노력이 그리고 미용사가 그것으로부터의 보람을 느낄 수 있는가의 여부가 성공의 열쇠이다. 자발적이고 스스로의 노력에 의한 서비스는 자그마한 것일지라도 그것이 전체 서비스의 질에 미치는 파급효과는 기하급수적인 것이다. 이것은 미용실간의 치열한 경쟁 속에서 차별화의 여지가 점점 사라지고 있는 현대 미용실 경영 여건에서 중요하다고 할 수 있다.

스스로의 노력은 특히 서비스 산업분야인 미용에서는 더욱 중요하다. 미용서비스 산업은 제조된 물건 자체를 판매한다기보다 고객과 만난 자리에서 인간의 기능과 행위 그리고 전문지식을 판매하는 것이다. 이러한 의미에서 미용인은 서비스산업의 기능노동자와 지식노동자라 부르며 창조성이나 고객을 염두에 둔 헌신은 고객감동 서비스에 절대적인 것이다. 준비가 덜 되어 있는 미용실은 지저분하고 분위기가 형편없는 미용실이라는 인식을 고객에게 심어줄 수 있으며 반면에 직원들의 작은 친절 하나가 최고의 미용실이라는 인식과 함께 감동을 줄 수도 있는 것이다.

종업원들의 자발적이고 스스로의 서비스가 이루어지도록 유도하려면 여러 조건이 충족되어야 한다. 자신을 존중해주는 동료, 흥미로운 일, 성공적 임무수행에 대한 가시적이고 공정한 보상 등이 확립되어 있어야 한다. 기능과 지식노동자들은 자신의 일에 대해 존경받길 원하며 자신의 일이 잘 수행되고 있음을 확인하고 싶어하기 때문이다.

고객이 요구하기 이전에 고객의 요구가 무엇이고 필요한 것이 무엇인가를 찾아서 일을 처리하는 사람은 성공 충분조건을 갖추었다 하겠다. 기본적인 서비스의 수행이 미용실간의 생존의 필요조건임은 자명한 사실이다. 미용실에서의 서비스 사업은 신속, 정확, 최고의 기술, 마음의 접객, 최상의 아름다움으로 고객만족의 기반이 되는 것이다.

권위나 명령계통 등으로 기본적 임무수행을 제대로 이행한다 하더라도 직원의 자발적인 노력과 헌신이 없이는 미용실의 성공을 기대할 수 없다.

고객의 잔잔한 음성을 듣자!

제12절 고객만족은 자세나 태도보다는 마음이다.

고객만족을 위한 체크리스트에서는 수십가지 항목들이 점검사항으로 제시되어 있어 직원들 입장에서는 고객만족이란 말을 생각만해도 골치 아프고 부담스럽기만 하다. 그러나 진정한 고객만족을 위해서는 직원들의 자발적인 참여가 필수적이다. 체크리스트의 항목들을 준수했다고 해서 불만요소를 줄일지는 몰라도 만족이나 나아가 감동을 주기는 어렵다.

우리는 그동안 고객 만족운동을 벌이면서 직원들에게 시키는 교육을 자세히 파악해보면 형식적인 것만을 강조하거나 규정등을 통해 지시하는게 보통인 것 같다. 지시동작은 몇도로 하고, 인사는 몇도, “차 한잔 하시겠습니까?”, “커피 한잔 하시겠습니까?” 등의 자세와 태도를 교정받는 교육과 함께 고객의 심리와 특성을 잘 파악하여 마음과 정성을 다하는 서비스를 하는 교육도 이루어져야 할 것이다.

제13절 고객 기대치 만족

기대가 고객만족과 어떤 관계가 있는가? 기대는 인간행위의 중요한 단서로서 미용기술, 서비스, 직원 등에 관한 고객들의 만족정도는 그들이 가지고 있는 기대와 관련하여 결정된다는 것이다. 커트를 한 고객이 커트를 하기전 디자이너의 설명을 들으니까 그렇게 하면 괜찮은 것 같고 지금보다는 훨씬 예뻐보일 거라는 기대를 하였고 결과가 기대를 충족시키거나 기대를 넘어선 경우 고객은 감사하다는 말과 표정이 참 밝아보였다. 반대로 그러한 기대가 충족되지 않을 경우 불만족을 느끼게 될 것이다. 중요한 것은 고객들이 가진 기대가 충족되느냐 충족되지 않느냐는 것이다.

어떤 미용실에 이러한 문구가 적혀 있었다. 만족하지 못할 경우 요금을 지불하지 않으셔도 됩니다. 지나가는 고객에게 호감을 불러 일으켜 들어오게 할 수는 있으나 실제 머리손질을 받은 고객에게 부분적으로 불만족을 주었을 때 요금을 지불하지 않겠다거나 무엇으로 보상하겠다 하여 기대수준을 지나치게 높게 조성하고 그것을 달성하지 못하여 고객들로부터 불만족이나 불평을 사게 될 수도 있을 것이다. 물론 약속한 바를 충분히 달성할 역량이 있는 경우는 문제가 없을 것이다. 지키지 못할 약속은 피하라는 것이다. 기대치의 약속을 작게 실천하기 보다는 작은 약속은 큰 기대치의 만족으로 실천하는 것이 보다 지혜롭다 하겠다.

잘된다고 하는 미용실을 친구따라 가 보았다. 역시 잘되었고 손님들이 대기하고 있어 족히 20분 이상을 기다려야 했다. 그런데 커트하는 시간은 정작 15분밖에 걸리지 않았다. 이러한 미용실은 지속적으로 언제까지 잘 될까? 현대인들은 화폐가치 이상으로 시간가치의 중요성을 인식하고 있다. 고객들은 훌륭한 기술이 있는 미용실도 원하지만 속도까지 요구하고 있다.

그들은 많은 시간동안 신문이나 잡지를 보면서 기다리는 것을 참지 못한다. 따라서 미용실은 경쟁력을 갖기 위해서는 이러한 변화에 부응해야 한다. 대기시간을 관리함에 있어서 중요한 점은 물리적 시간뿐만 아니라 심리적 시간(psychological time)을 관리함으로써 고객만족을 유도하여야 한다는 점이다. 실제 대기시간보다는 체감대기시간을 줄이는 것이 중요한 것이다.

시술 중에 다른 고객이 오셨을 경우 또는 대기하는 고객이 많을 경우 갑자기 동작이 빨라지기 시작하면서 지금 시술 중인 고객에게 소홀하지 않았는지도 살펴야 한다.

이런 질문을 던져보자. 우리 미용실에 오신 고객들은 기다리는 시간을 20분을 5분으로 짧게 느끼는가 아니면 20분을 1시간으로 길게 느끼는가? 기다리는 시간을 즐겁게 해주면 고객은 기다리면서도 만족할 것이다. 3~5분 간격으로 관심을 표명해야 한다. 이러한 기대를 충족시키므로써 기대치 만족을 달성할 수 있을 것이다.

제14절 고객 만족지수

고객만족경영은 추상적인 이념이나 아이디어 수준에서 한걸음 나아가서 객관적이고 과학적인 접근을 시도하게 되었다. 이러한 추세에 따라 계량적인 고객만족지수(customer satisfaction index)를 개발하는 노력이 진행되었다. 이제는 미용실 규모나 미용실 보유 숫자가 중요한 것이 아니다. 고객반응에 근거한 자료인 고객만족지수를 새로운 지표로 삼아야 한다. 고객을 대상으로 고객만족지수를 측정하여 문제점을 파악하고 개선하기 위한 조사는 미용실의 고객만족경영의 기본이라 할 수 있다.

다른 미용실과 비교 평가하는 것도 좋지만 우리 미용실을 찾은 고객들의 취향에 맞는, 눈높이에 맞는, 우리 문화에 맞는 서비스를 하고 있는가가 더 중요하며 우리 미용실의 고객에게 평가를 받아(설문지활용) 만족지수를 정하는 것이다. 30여가지의 평가표를 가지고 검증을 받았을 때 18점, 22점, 25점, 30점……, 등이 나올 것이며 이것을 기초로 새로운 목표가 설정될 수 있을 것이다.

이와같은 작업을 오래전부터 이미 실시해왔던 미용실도 있다. 그래서 접객표준 응대법을 만들어 전직원 고객만족 체질화, 습관화, 생활화로 훈련하여 고객만족도를 상승시켜 가며 과학화시키는 작업을 하고 있다.

제15절 고객이 미용실 방문에서 나갈 때까지

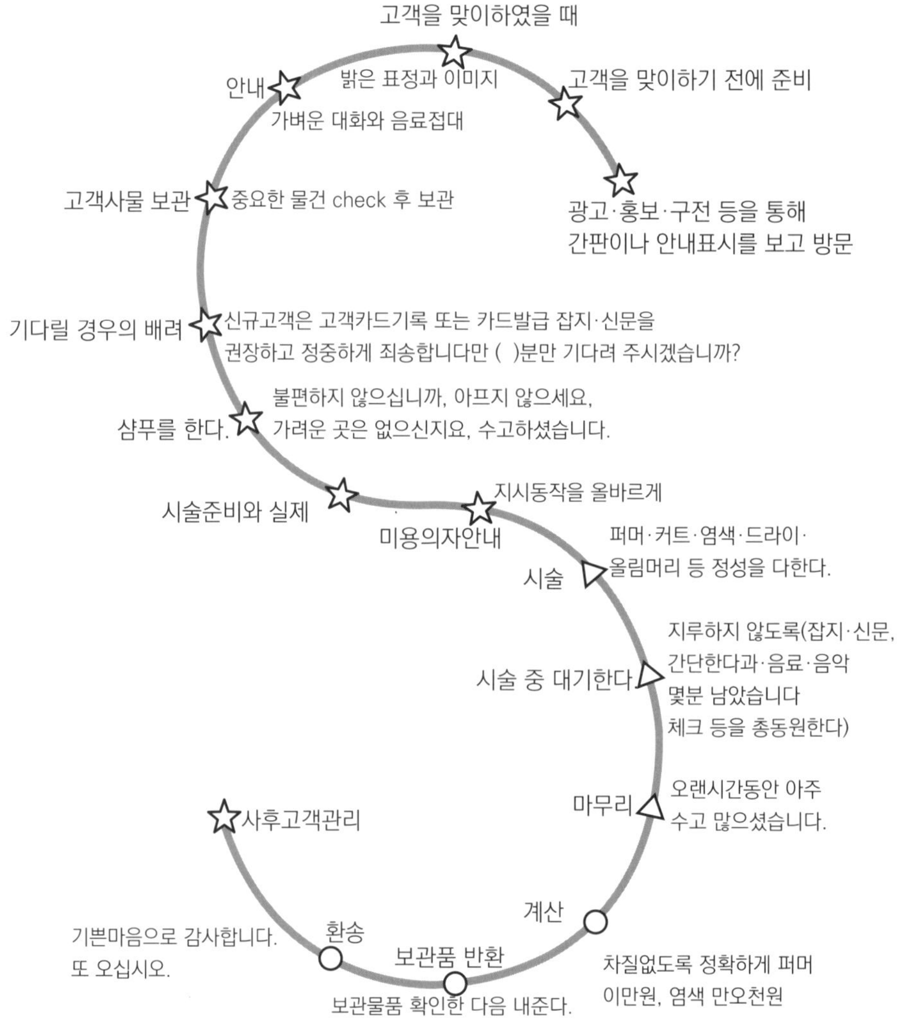

참고 : ☆ 환영 △ 최선을 다한다. ○ 만족

제16절 미용실에서 애용하는 고객만족표어

- 음성에도 표정이 있습니다-전화받을 때의 표정
- 여자의 변신은 무죄-젊은 세대들의 개성, 아름다움은 나이와 무관
- 고객의 웃음이 저희의 기쁨입니다.
- 만족하시면 모든 분들에게 알려주시고, 문제점을 발견하시면 저희들에게 말씀해 주세요.
- 저희 미용실에서는 당신의 아름다움을 발견해 드립니다.
- 꿈이 있는 곳에 지혜가 있다.
- 자신을 발견하는 곳
- 꿈, 지혜, 과학, 아름다움으로 미래(21C)를 펼치겠습니다.
- 당신의 아름다움을 ○○○ 미용실에서 발견하십시오.
- 멋진남자, 아름다운 여자만의 장소 ○○○미용실
- 당신이 무한히 아름다워지고 싶은 욕망을 충족시키는 곳 ○○○미용실

☆☆☆ 모든 여성은 동서고금, 남녀노소를 막론하고 아름다워지고 싶은 욕망은 피할수 없다.☆☆☆

제17절 접객 행동요령

1) 접객의 목적

고객이 미용실을 방문하여 맨 처음에 느끼는 첫인상을 호감으로 연결시켜서 미용기술이나 물품판매(점판)를 좋게 전개하기 위해서이다.

고객이 미용실 이미지나 직원에 대해서 느끼는 첫 인상은 3~4초 사이에 결정이 되기 때문에 그 첫인상은 복장과 태도로서 90%가 결정된다고 한다. 또 손님들에게 만족감을 주기위한 구성요소중에 “얼굴”55%, “목소리”가 30% “말씨”가 7%라고 하며 “얼굴”, 즉 “표정”이라고 하는 것이 접객의 요소 중에서 중요하다는 것을 알 수 있다.

그렇기 때문에 다음과 같은 트레이닝이 필요하다.

1. 미용실에서의 에티켓
   1) 직원끼리의 에티켓
   2) 직원과 고객에 있어서의 에티켓
   3) 업무전의 매너
2. 단정한 복장과 태도
   1) 남성 복장, 태도 체크리스트
   2) 여성 복장, 태도 체크리스트
3. 대화할 때의 매너
   1) 이야기할 때의 매너
   2) 접객 용어
4. 느낌이 좋은 인사
5. 올바른 예의
6. 느낌이 좋은 표정
7. 전화 받는법, 거는법

2) 미용실에서의 에티켓

에티켓(Etiquette)이란 상대방의 기분을 짐작하여 서로를 존중하고 때와 장소에 따른 성의있는 태도로서 행동하는 것이다. 에티켓이 몸에 밴다는 것은 인간관계를 원할하게 하고 신뢰도가 높아져서 일을 잘 진행하게 한다는 것이다. 우리들은 고객을 기쁘게 하고 만족시키기 위해서 교양을 몸에 익히고 마음에 여유를 갖고 행동하지 않으면 안 된다.

(1) 직원끼리의 에티켓

<table>
<tr><td rowspan="3">업무
중의
매너</td><td>부르면 반드시 대답을 할 것.
부를 때에도 타이밍을 볼 것.
올바른 자세로 설것.</td><td>명랑하고, 쾌활하게</td></tr>
<tr><td>빌려 쓴 것은 반드시 돌려줄 것.
정해진 기일, 시간을 지킬것.</td><td>"고맙습니다"라고 감사의
인사를 잊지 말것.</td></tr>
<tr><td>명령과 지시가 아닌 협조를 요청할 것.
명령에는 기분좋게 응할 것.</td><td>네, 알겠습니다.</td></tr>
</table>

(2) 직원과 고객에 있어서의 에티켓

<table>
<tr><td>고객을 힐끗보지 말것.</td><td>적대감을 주지 않음.</td></tr>
<tr><td>미용실내에서 지나치면 인사할것.</td><td>눈이 마주쳤을 때에는 미소를 띄운다.</td></tr>
<tr><td>응대시에는 힐끔힐끔 곁눈질을 하지 말것.</td><td>고객에게 신경을 집중시켜 고객을 중시하는 태도를 취한다.</td></tr>
<tr><td>거만한 태도, 큰소리로 웃지 말것.</td><td>다소곳한 자세와 나직한 목소리를 유지한다.</td></tr>
<tr><td>말을 할 때 바른자세로 응대할것.</td><td>얼굴이나 머리를 매만지거나 주머니에 손을 넣거나 하지 않는다.</td></tr>
<tr><td colspan="2">현금과 카드를 잘 확인할것.</td></tr>
</table>

(3) 업무 전의 매너

세상 이야기는 일을 시작하기 전에 끝낼것.	화제 만들기와 직원간의 융화.
지각, 조퇴, 결근을 반드시 미리 보고할 것.	조퇴는 보고하더라도 거절당할 수도 있다.
정중하게 인사를 할 것.	자기쪽에서 먼저한다.

3) 단정한 복장과 태도

첫인상은 복장, 태도로서 90%가 결정된다. 우리들의 일은 기술을 판매하여 고객에게 만족을 시켜준다는 것이지만 그 판매에 들어가기 전에 손님에게 미(美)의식을 느끼게 해주지 않으면 안 된다. 고객에게 호감을 줄 수 있도록 신경을 써서 작업을 부드럽게 진행한다. 이상과 같은 조건을 만족시키는 복장, 태도를 늘 신경 쓰고 있지 않으면 우리들 미용사가 고객을 만족시키기는 어려울 것이다.

예를 들면 남성 미용사가 머리손질이 깨끗이 되어있지 않은 상태나 손이나 발톱이 불결하고 유니폼에 때가 묻거나, 구겨져 있거나, 구두가 더러워져 있는 등 복장 및 태도에서 실격자가 있거나, 여성 미용사가 어색한 화장을 하면 매너가 없다는 소리를 듣게 된다. 그 뿐만 아니라 미용실의 신용을 잃어 이미지가 좋지 않다는 것이다. 전문가로서 고객과 접촉하는 우리들은 머리, 손톱, 수염 등을 언제나 깨끗이 손질하고 유니폼도 청결하게 하지 않으면 안된다. 우리들은 청결하고 품위 있는 복장을 입게끔 마음을 써서 고객들에게 보다 높은 만족감을 줄 수 있도록 언제나 자기의 복장, 태도를 체크리스트를 가지고 매일 체크하도록 해야 한다.

(1) 남성 복장, 태도 체크리스트

① 머리는 손질이 잘 되어 있는가.

② 깨끗이 세발되어 있는가.

③ 수염은 깨끗이 깍여 있는가.

④ 귓속은 더럽지 않은가.
⑤ 치아는 잘 닦았는가.
⑥ 입 냄새는 없는가.
⑦ 유니폼은 청결한가.
⑧ 단추는 다 잠겨 있는가.
⑨ 실밥이 터진 곳은 없는가.
⑩ 바지 주름은 세워져 있는가.
⑪ 주름이나 얼룩 등으로 더럽혀져 있지 않은가.
⑫ 셔츠의 단추는 깨지거나 풀어져 있지 않은가.
⑬ 속옷은 청결한가.
⑭ 속옷은 헤지거나 찢어지지 않았는가.
⑮ 속옷은 매일 갈아 입고 있는가.
⑯ 손수건은 갖고 있는가.
⑰ 손톱은 길지 않은가.
⑱ 벨트는 느슨해져 있지 않은가.
⑲ 양말은 흘러 내리지 않는가.
⑳ 발의 냄새는 없는가.
㉑ 구두끈은 잘 매여 있는가.
㉒ 구두는 잘 닦여 있는가.
㉓ 지퍼는 열리지 않았는가.

(2) 여성 복장, 태도 체크리스트

① 두발은 더럽지 않은가.
② 두발은 잘 손질되어 있는가.
③ 화장은 너무 진하지 않은가.
④ 화장은 너무 서툴지 않은가.
⑤ 화장이 망가진 곳은 없는가.

⑥ 치아는 잘 닦았는가.

⑦ 치아에 립스틱이 묻어있지 않은가.

⑧ 입 냄새는 없는가.

⑨ 유니폼은 청결한가.

⑩ 유니폼의 단추는 잘 잠겨 있는가.

⑪ 속옷의 길이나 색이 변색된 것 등에 신경을 쓰고 있는가.

⑫ 목이나 손발은 청결하게 하고 있는가.

⑬ 매니큐어의 색은 너무 야하지 않은가.

⑭ 스타킹은 청결하고 흠이 나 있지 않은가.

⑮ 신발은 잘 손질되어 있는가.

⑯ 셔츠 칼라와 소매는 더럽지 않은가.

⑰ 복장은 야하지 않은가.

⑱ 어깨에 머리카락이나 비듬이 떨어져 있지 않은가.

⑲ 향수는 향이 너무 진하지 않은가.

⑳ 쓸데없이 많은 액세서리를 달고 있지 않은가.

4) 대화할 때의 매너

고객이 우리들의 이야기를 싫증 내지 않고 들어주는 것은 최초의 3분간 뿐인것 같다. 그러므로 우리는 3분 이내에 고객의 주위를 끌어 해야 될 말은 최대한 해야 한다. 다만, 너무 많은 화제를 갖고 대하는 것은 고객을 싫증나게 할 수도 있다.

(1) 이야기할 때의 주의점

분명하게 상대방에게 들릴 수 있는 소리로 마지막까지 분명하게 이야기 한다. 이야기는 입술만이 아니라 성의가 담긴 이야기 방법을 쓸 것. 서툰(천한) 언어나 어려운 표현은 피하고 부드러운 언어로 이야기한다. 접객 대화에는 경어와 공대어를 쓴다. 상대방의 이야기를 잘 듣고 이야기 한다.

(2) 기본 접객 용어

① 어서 오십시오.

② 반갑습니다. 이쪽으로 오십시오.

③ 잠시간 기다려 주시겠습니까 또는 잠깐만 기다려주십시오.

④ 오래 기다리셨지요.

⑤ 무엇을 도와드릴까요.

⑥ 죄송합니다.

⑦ 대단히 고맙습니다. 또는 감사합니다.

⑧ 네, 알겠습니다.

⑨ 수고하셨습니다.

⑩ 또 오십시오. 즐거운 시간 되십시오

※ 접객용어에서는 부정적인 용어는 사용하지 않는다.
예를 들면 "뭐 하시게요", "안녕히 가십시오" 등.

(3) 회화의 매너(접객 회화의 기본)

① 분명하게 말한다(말꼬리를 분명하게 발음한다).

② 시선은 상대방의 눈이나 코를 보면서 말한다.

③ 화제를 갑자기 바꾸지 않는다.

④ 상대방의 말을 끊지 않는다.

⑤ 유행어 또는 은어를 사용하지 않는다.

⑥ 입버릇은 하지 않는다(즉, 그래서, 에, 저, 음 등).

⑦ 지나치게 많이 말하지 않도록 한다.

⑧ 화제는 상대방과 장소에 따라 선택한다.

⑨ 흥분하거나 화를 내지 않도록 말한다.

⑩ 자기의 일만 이야기하지 않는다.

⑪ 특정인과 특정미용실에 대해서 나쁜점을 이야기하지 않는다.

⑫ 관심있는 경기의 이야기를 하지 않는다.
(11, 12 상대방이 말을 해도 가볍게 흘려듣는다.)

⑬ 단어사용이 저질스럽지 않아야 한다.

⑭ 미용실의 선생이나 윗사람의 이름을 함부로 부르지 않는다.

⑮ 상대방에게 적절한 호칭을 붙인다.

⑯ 감사의 말을 분명하게 한다.

⑰ 다른 사람을 손가락질하면서 이야기하지 않는다.

⑱ 시간을 엄수한다.

⑲ 어울리지 않는 몸짓은 하지 않는다.

⑳ 큰소리로 웃지 않는다.

5) 오해하기 쉬운 말

사람을 부르는 법 자기 …… 저, 저희들 손님 …… 손님, 고객님, 선생님 단체 …… 여러분 남성 …… 남자분, 선생님 여성 …… 여자 고객님, 사모님, 선생님 노인 …… 어르신, 아버님, 어머님 어린애 …… 애기 동반인 …… 함께 오신분 누구 …… 어느분	우리들, 나 등을 쓰지 않는다. 우리, 내가, 여보세요, 이봐요
장소를 부르는 법 근무처 …… 다니시는 곳, 하시는 일 점포 …… 고객님 회사 집(주소) …… 사시는 곳 가정 …… 귀댁, 고객님댁 자점 …… 저희 미용실	명칭을 알고 있는 경우는 미용실, 고객님 주소
기타 옷 …… 입으신 것 양말, 구두 …… 신으신 것 짐보따리 …… 가지신것 여기는 이쪽, 저기는 저쪽 알고 있다 …… 알아 모시겠습니다. 온다 …… 오신다. 간다 …… 가신다. 본다 …… 보신다	보따리는 바람직하지 않다.

6) 느낌이 좋은 인사

인사는 사회생활의 기본이다. "좋은 아침입니다. 안녕하셨습니까." 얼굴을 마주쳤을 때에 이쪽에서 적극적으로 인사를 건다. 인사는 큰소리로 분명하게 웃는 낯으로 기분 좋게 한다. 서로간에 "자 일합시다."라고 하는 기분으로.

자리를 비울 때 "실례하겠습니다"라고 분명하게 상대방에게 들리도록 말한다. 용건을 마치면 "기다리시게 해서 죄송합니다"라고 말하고 재빨리 일에 되돌아간다. 고객이 문을 나설때에 뒤돌아 보지 않는다고 대충하지 말고 깍듯이 인사를 한다. 나가는 고객은 보지 못하지만 미용실 내에 있는 고객은 보고 느낀다.

7) 올바른 예의

상대방에 대한 경의의 표현은 의무나 체제를 따르는 듯한 태도가 아니라 진심이 담긴 것이어야 한다.

인사의 종류	관 계	각 도
보통 인사	허물없는 사이의 고객이나 동료에게 가볍게 고개를 숙이는 예의	약 15도
중 례	비교적 예식이 있는 고객 등에 대하여 쓰여지는 일반적인 예의	약 30도
경 례	윗분이나 초면의 고객 등 특히 경의를 표해야 하는 사람에게 쓰여지는 가장 정중한 예의	약 45도

8) 기본 동작

남성 : 팔을 자연스럽게 내리고 손을 바지의 옆라인에 붙이고 상대방의 얼굴을 보면서 턱을 당기고 허리를 굽힌다.

여성 : 양손을 앞으로 모으고 상대방의 얼굴을 보면서 턱을 당기고 허리를 굽힌다.

※ **주의점**

① 자세 바르게
② 미소짓는 얼굴로
③ 절도있게
④ 몸가짐이 단정한 태도로
⑤ 리드미컬하게 해야 한다.
⑥ 걸으면서 하지 말아야 한다.

9) 느낌이 좋은 표정

첫인상으로 손님이 호감을 가질 수 있게 하기 위해서 밝고 느낌이 좋은 표정으로 손님을 맞이하는 태도가 중요하다. 손님이 적대감을 느끼지 않게 하기 위해서 이쪽에서 마음을 활짝열고 적극적으로 호감을 가질 수 있게 하지 않으면 안된다.

10) 미소짓는 얼굴

얼굴의 표정에는 내부의 감정이 정직하게 나타난다. 그렇기 때문에 우리들은 언제나 감정을 컨트롤(control)하여 언제라도 미소짓는 얼굴로서 응대하도록 해야 한다. 또 웃는 얼굴을 생활화 함으로서 감정을 조절할 수 있다. 매일 거울앞에서 느낌이 좋은 표정을 만들도록 훈련해야 한다.

11) 말소리의 표정

말소리의 좋고 나쁜 것도 본인의 감정의 상태에 따라 좌우된다. 자기의 목소리를 매력적인 소리로 만들기 위한 방법에 문제의식을 가지고 발성법 등의 개선을 꾀해야 한다. 또 단조로운 목소리는 손님을 피곤하게 만든다. 발음, 발성연습 등으로 리드미컬한 목소리를 내는 방법을 익혀둔다. 지방에 따라 사투리가 있고 억양이 다르지만 되도록 표준어 표준 억양을 쓰도록 평소에 훈련을 해 두는게 좋다.

12) 전화 받는법, 거는법

전화는 상대방이 보이지 않으므로 목소리의 표정이나 감정이 민감하게 전해지기 쉬우므로 주의해야 한다. 언제나 직접 대면해서 대화한다는 기분으로 해야 한다.

13) 전화 받는법의 매너

요 점	주 의 점
1) 벨이 울리면 재빨리 받는다. 2) 이쪽 미용실 이름을 먼저 말한다. 3) 상대방을 확인한다. 4) 용건을 묻는다.	• 4번 이상은 "오래 기다렸습니다"라고 인사한다. • 언제나 메모지를 준비한다. • "여보세요"는 쓰지 않는다(각 미용실의 전화응대용어를 말한다. (예) 고객을 사랑하는 ○○○미용실입니다). • 인사를 하고 용건을 묻는다. • 반드시 메모를 한다. • 대답에는 책임을 지고 잘 모르면 아는 사람에게 바꿔준다. • 잘못듣거나 빠진 것이 없도록 상대방의 말을 복창해서 들려준다.
인계하는 전화일 때	"누구로부터 누구에게"인가 확인하고 바꿔준다.
지명한 사람이 없는 경우	다시 걸겠는지 이쪽에서 걸도록 할것인지 물어본다.
전해달라는 부탁을 받았을 경우	내용은 틀림이 없도록 복창하여 메모하고 정확하게 전달하겠다는 약속을 한다.
5) 끝내는 인사	고맙습니다. "안녕히 계세요"라고 진심이 담긴 인사를 한다.
6) 수화기를 놓는다. 잘못걸린 전화라도 친절한태도	상대방이 끊고나면 조용히 놓는다. "아닙니다. 여기는 공공 미용실입니다만 잘못 거신 것 같습니다."

14) 전화 거는법의 매너

요 점	주 의 점
1) 전화 걸기 전의 준비	• 상대방의 전화번호와 이름, 그리고 메모할 준비를 한다. • 용건을 이야기할 순서대로 정리한다. • 필요한 자료나 서류를 갖추어 놓는다.
2) 전화를 한다.	상대방을 확인하고 이름을 대고 바꾸어 줄 것을 부탁한다.
3) 상대방이 나왔을 때 4) 용건을 말한다. 지명한 사람이 없을 경우	• 상대방을 재확인하고 인사를 한다. • 용건은 간결하고 침착하게 알기쉬운 말로 분명하게 말한다. • 중요한 부분은 상대방에게 확인할 것 • 대리인이라도 좋을시 그 사람에게 전하는 말을 부탁하고 이름을 물어둔다.
5) 용건이 끝나면	내용을 복창하여 재확인할 것
6) 끝 맺는 말 수화기를 조용히 놓는다.	실례가 되지 않도록 정중하게

잘못 걸렸을 때는 공손하게 사과하고 조용히 끊는다.

"실례했습니다. 잘못 걸렸습니다."

통화 중에 끊기면 전화를 걸었을때도, 걸려왔을 때도 곧 바로 다시 건다.

근무 중의 사용전화는 아주 급한 용건이 아닌한 삼가하고 폐점 후에 다시 걸도록 부탁한다.

제18절 접객 실무로서의 말

접객기술은 간단한 이론과 성립된 테크닉만으로 되지 않는다. 접객기술 중에서 가장 중요한 것은 그것을 행하는 측의 인간성이자 마음이다. 이론이나 형태만으로 치우친 테크닉은 사람의 마음을 끌지 못한다. 즉, 접객기술이란 자신의 입장을 알고 상대방의 마음을 이해하고 얼마나 진심으로 대하는가를 말하는 기술이다. 접객의 3대요소인 「언어」, 「표정」, 「동작」 중에서 특히 「언어」를 메인테마로 프로가 미용실에서 행하는 업무에 동반되는 접객실무에 대해 알아 본다.

1) 언어의 중요성

① 말에 장식을 한다.---같은 말이라도 예쁜 표현을 한다.

② 말에 가시가 있거나 말에 독을 품거나---상대의 마음에 상처를 줄 것 같은 말투는 피한다.

③ 말의 배려(사과)---어떤 좋은 말은 써서 마음에 두고 있는 것을 자연스럽게 표현하는 것이다.

④ 말은 행동거지를 나타낸다.---말은 그 사람의 태어나면서 갖고 있는 본성을 나타낸다.

⑤ 인격을 나타낸다.

위와같이 우리가 보통 생각없이 사용하는 말도 언어의 중요성을 다시한번 인식하며 사용하여야 한다.

말은 상대방의 귀에 들릴 수 있는 하나의 소리이자, 목소리로 전달하고자 하는 내용을 정확히 전달할 수 있어야 한다. 말속에 있는 진정한 의미나 마음을 전달하지 못하는 경우도 있는데, 그때의 말은 본래의 가치와 성질을 상실하여, 접객에 필요한 「상대와의 상호이해」를 도모할 수 없다.

2) 언어의 발성

① 조례, 종례 등에서 최소 5회씩은 큰 소리로 정확히 발성해보자.

② 창피해하는 것은 프로로서 실격! 가능한한 입을 크게 열자.

③ 처음에는 천천히, 발음을 정확히 하자.

④ 단어 하나하나를 정확히 발성할 수 있게 되면 조금씩 스피드를 내서 더욱 빠르게 발성할 수 있도록 연습해보자.

⑤ 발음이 흐트러져서는 효과가 없다. 자신의 취약점인 말을 정확하게 발성할 수 있도록 반복 연습을 하는 것이 훌륭한 발성이 되며 「대화의 기술」의 밑거름이 완성된다.

3) 수다와 대화는 다르다.

접객을 업으로 하는 사람이 특히 영업 중에 고객과의 대화는 한마디로 멋진 인간관계를 창조하는 것이어야 한다. 소꿉친구가 가볍게 주고받는 대화는 즐거운 수다로 다소 떨어진 말을 사용해도 인간관계가 극단적으로 허물어지는 등의 일은 없다. 그러나 고객의 경우는 대수롭지 않은 부주의한 말 한마디에도 불쾌한 기분을 느낄 수 있다. 한 마디의 말로 그 사람의 생활태도가 판정되기 때문에 말을 골라서 하도록 하자.

다만 너무 신경을 쓰다 보니 지나친 존칭어나 필요이상의 존대어를 써도 진실함이 없으면 뭔가 상대를 조롱 하는 듯한 느낌을 줄 수 있고 친밀감 없는 사무적인 대화는 멋진 인간관계를 만들어 낼 수 없다.

4) 능숙한 대화방법

능숙한 대화란 손님이 즐겁다고 느끼는 것이 최우선이다. 여기서 우선 자신의 대화방법을 체크해 보자.

(1) 당신은 자신의 얘기에만 빠져 듣는 것을 소홀히 하고 있지 않습니까?

「말을 잘하는 사람은 듣는 것도 잘한다」 대화는 상대의 얘기를 듣는 것부터 시작한다. 듣는 것을 잘한다는 것은 2번 듣고 1번 말한다는 것이다. 특히 접객은「눈, 귀, 머리, 목, 입을 열라」고 합니다.

귀로 듣고, 눈과 목으로 맞장구를 치고, 두마디를 듣고 자기의 얘기를 하는 것이 아니라, 한번 더 상대의 말을 끌어낼 수 있도록 하는 것이다. 상대의 말허리를 잘라 자기 얘기를 계속해서는 안 된다.

(2) 당신은 자신의 말의 크고, 작고, 높고, 낮음에 주의하고 있습니까?

미용실에서 동료들과 자유스런 대화를 주고 받아 그것을 휴대폰으로 녹음해 잘 들어보자.

(3) 당신은 말의 억양에 주의하고 있습니까?

말의 정감을 나타내는데 억양은 중요한 의미를 갖고 있다. 본래 말은 자신이 갖고 있는 마음의 정감을 그대로 상대에게 전해야 진정한 의미가 있는 것으로 그러기 위해서는 정확한 발성, 정확한 말의 사용법이 이루어져야 한다.

예) 한음계 정도 높게 말하면서 말끝을 끊으면 상대는 차갑게 느껴 나쁜 느낌을 받는 반면, 말끝을 조금 느리게 다소 내리면서 개방하듯이 하면 부드러운 정감이 표현된다.

(4) 당신은 말의「사이」를 생각하면서 대화를 하고 있습니까?

같은 말을 해도 사이를 두지 않고 흘러가듯 말하는 것과 중간에 1박자의 사이를 두는 것, 2박자의 사이를 두는 것은 큰 차이가 있다.

예) A : 어머 그렇습니까?

B : 어머, 그렇습니까?

C : 어머! 그렇~습니까?

이 ABC는 같은 말이지만 꽤 다른 느낌이 든다. 이것이 「말의 사이」이다.

(5) 당신은 능숙한 맞장구를 치고 있습니까?

① 상대의 말에 가벼운 놀람과 흥미를 표현한다.

예) 고객 - 이번에 파리에 다녀왔어요!

디자이너 - 어머, 파리요?/와-멋있어요!/부럽습니다.
즐거우셨죠?

고객 - 네~굉장히 즐거웠어요.

디자이너 -며칠정도 계셨습니까?

고객 - 10일정도 있었어요.

디자이너 - 와~10일간이나요?/꽤 여러 군데를 보고 오셨나봅니다.
그 가운데 어디가 가장 즐거우셨습니까?

고객 - 그러니까…….

이런 식으로 대화는 끊임없이 이어지고 손님도 자신이 알고 있는 것을 열심히 얘기해 주게 된다.

② 공감적인 맞장구

「가벼운 놀람」의 맞장구는 상대의 얘기를 듣고 있다는 유도적인 표현인데 공감적 맞장구는 '그렇습니까? 그렇네요'등의 의미가 있는, 즉 말을 긍정하는 표현의 맞장구이다.

그러나 이러한 긍정적인 말의 표현도 맘에 거슬리는 맞장구면 뭔가 빈정거리는 듯한 기분이 들어 결국 상대의 불신감을 살 수가 있다. 역시 어떤 경우라도 마음(정성)이 있어야 좋은 인간관계를 만들 수 있다.

③ 되묻는 맞장구

맞장구라고 해도 단지 듣기만 한다면 더 이상 분위기를 고조시킬 수 없다. 그러면 내 말을 듣고 있는 건가 아니면 맞장구만 열심히 치고 있는 건 아닐까 라고 생각해 버린다. 여기서 필요한 것이 되묻는 맞장구이다.

예를들어,

"결국 이런 것이네요?"/"그러면 파리에도 나쁜 사람이 있다는 거네요?"
등 상대의 얘기를 나름대로 정리해서 요점을 되물어 보는 것이다. 그렇게 되면

"그래요 그러니까 ~면 ~하죠? 그래요……."
라고 얘기가 무르익게 된다. 이 되묻는 맞장구는 내 얘기를 잘 들어 주는구나 라는 기분을 갖고 호감을 갖게 한다.

④ 자신의 생각이나 얘기를 조금 비치는 맞장구

말하는 사람이란 제 멋대로 라고 할 정도로 자기중심적인 부분이 있다. 자신이 한 얘기는 전부 긍정적으로 들어주기를 원하면서도 전부

"그렇네요", "맞습니까?"
같은 말을 듣고 있으면 이것만으론 만족해하지 않는다. 때로는 가볍게 부정 하는듯한 맞장구도 얘기하는 사람에게는 즐거운 반발이 되는 것이다.

디자이너 – "어머! 그렇습니까?" ……"그건 좀 의외네요"……

동료 디자이너 – "와! 정말 그런 일이 있습니까?……뭔가 믿을 수 없을 것 같……"라고 가볍게 부정의 맞장구를 치는 것이다.

고객 – "네~그래요. 거짓말 같죠, 그런데 정말이……"

고객 – "네~그래요. 정말 이예요 저도 전에는 생각도 못 했어요…… 그런데요……~"

처럼 상대의 말을 가볍게 부정하면서 대화를 발전시켜가는 것이다.

손님과의 대화 중에 능숙한 맞장구를 친다는 것은 「손님과의 대화를 좀 더 이상적으로 즐겁게 발전시킨다.」라고 하는 것이 원칙이 되어야 한다. 이 점을 무시한 접객업의 대화는 생각할 수 없다.

(6) 당신은 자신의 얘기가 상대에게 어떻게 전달되고 있는지 상대의 반응을 살피면서 이야기를 진전시키고, 화제를 바꾸고 있습니까?

고객은 미용실에서 편안하고 즐거운 시간을 갖고 싶어 한다. 당연한 것이지만 머리하는 중에 담당자는 때로는 가볍게 때로는 강하게 자유자재로 받아줘야 만이 대화가 즐겁게 되는 것이다. 이것은 누구나 알고 있는 것이지만 실제로는 생각처럼 쉽지가 않다. 대화가 생각처럼 되지 않는다는 것은 프로로서 통용되지 않는다.

5) 대화의 원칙 · 대응화법

(1) yes · but 화법

이 화법의 명칭대로 상대방의 말을 일단은 yes로 하고 but으로 보낸다. 즉, "네~그렇군요…손님이 말씀하시는~. 그런데~ 한번 이렇게 생각하시지는 않습니까?…"

이처럼 상대의 말은 반드시 받고나서 자신이 갖고 있는 반대의견을 말하는 것이 화법이다. 즉 처음부터 자르지 말고 일단 받는 것이 중요하다.

(2) 질문화법

상대에게 질문을 던져서 무엇을 망설이고 있는지, 또 어느 부분에 의문을 갖고 있는지, 반대 의견은 무엇인지 등을 알아내고 해결의 열쇠를 찾기 위한 화법이라고 할 수 있다.

"그렇군요.~은 마음에 들어요……."
라고 하는 조화로 말을 발전시키는 화법이다. 결국 손님이 하고 싶은 말을 정확히 알아내서 이쪽에서 거꾸로 질문해 말하기 싫은 부분을 하지 않아도 되게끔 하는 화법이다.

(3) 화제 전환 화법

손님과 대화 도중 이쪽의 의도대로 풀리지가 않아 대화가 어렵게 된 경우에 화제를 의도적으로 바꾸는 화법에는

"저, 말씀 중에 죄송합니다만 조금 전 손님이 말씀하셨던 것……",

"그런데 손님…… 다른 이야기입니다만"

처럼 진행하고 있는 화제의 방향을 바꾼다. 단지 이 화법의 경우 상대의 말에 끼어들 순간을 잘 잡는 것이 중요하다. 고객이 열심히 이야기하고 있는 가운데나 상대가 자신의 의견에 대해 말하려고 할 때 등에 이 화법을 사용하면 매우 나쁜 감정이 남아 불쾌한 기분을 만들기 때문에 주의해야 한다.

(4) 비유화법

예를 들어서 말을 알기 쉽게 하는 화법이다. 지금 이야기하고 있는 것과 또 다른 것을 예로들어 상대에게 충분한 이해가 가게 해주는 화법으로

"실은 고객님도 잘 알고 계시리라 생각합니다만…… 자주 TV에 나오는 ○○○씨 그분들도 역시 이 상품의 애호가입니다. 어제 저희의 모임이 있어서 나갔는데 그곳에서도 ○○씨가 참가하셔서 역시 처음에는 반신반의 하셨던 것 같습니다…… 그런데 단골 미용사에게 추천받아 지금은 굉장한 팬이라고 합니다."

이런 식으로 실제 예를 구체적으로 이야기하고 납득하도록 하는 화법이다. 특히 유명인을 예로 들어야 하는 것은 아니다. 아주 가까운 예로도 충분하다.

"그렇습니다…… 역시 저도 처음엔 그렇게 생각 했습니다… …"

"역시 그렇게 생각하시는군요…… 저희 남편도 부인과 마찬가지로 역시 처음에는 냄새가 싫다고 했습니다만 지금은……."

(5) 메아리 화법

이 화법은 상대의 말투가 조금이라도 이상하다든지 자신의 의견과는 다르다든지 할 경우로 일단은 이야기를 받는다.

"그렇습니다…… 잘 알겠습니다. 확실히 말씀하시는 대로입니다……"

라고 일단은 상대의 의견을 충분히 듣고

"그러니까……"

라고 거기서 시작해 자신의 의견을 이야기해 나가는 화법.

(6) 무시화법

이 화법은 화제를 진행시켜 가는 사이 상대의 반대의견이나 의문으로 여기는 점이 있어도 그것이 가벼운 정도의 것인 경우에 한해서 화제는 거기서 끊지 말고 말을 진전시켜나가 말의 흐름을 끊기지 않게 상대를 납득시켜가는 화법이다. 그러나 당신의 이야기에 대해 상대가 크게 의문을 갖거나 또 정면으로 반대의견을 갖는 경우에는 이 화법을 쓰는 것은 잘못된 것으로 충분히 주의해야 한다.

(7) 접속화법

이 화법은 상대의 말을 잘 듣는 것에서 시작한다. 즉 상대가 직접적으로 또는 간접적으로 뭔가를 말하려고 하고 있는가 그 진의를 잘 알고 나서 이야기를 진전시킨다.

"그렇습니다. 손님이 말씀하신대로……"

라고 상대의 말을 그대로 받아서

"그렇기 때문에 아무래도……가 필요 합니다……"

이처럼 상대의 의견에 자신의 이야기를 접속시켜 나가는 화법이다.

(8) 결정화법

이것은 여러 가지 이야기를 해주어도 왠지 상대가 "어떻게 할까……"라고 망설이고 있을 경우 등에 사용한다. 즉 클로징 토킹(Closing talk)이다.

"그럼 손님 이렇게 해 두죠……. 그럼 우선 이번에는 작은 것을 사용해 보시고 좋으시면 다음부터 이 큰 사이즈를 쓰시도록 하시죠…… 괜찮으시죠"

라고 이쪽에서 Closing을 시켜줄 경우에 사용하는 화법이다.

6) 눈의 사용법도 능숙한 대화의 방법

당신은 대화 중 시선에 주의해서 이야기를 하십니까?

"눈도 입만큼 말을 한다"라는 말이 있다. 눈은 어떤 때는 말 이상으로 사람의 기분을 전달하는 것이라는 것을 말하는 것이다. 접객도 능숙한 대화를 하려면 눈의 사용법을 무시해서는 안 된다.

특히 대화 중에 당신의 무표정한 눈의 위치나 눈의 움직임 등은 당신이 말하는 것 이상으로 중요한 역할을 한다. 예를 들어 손님이 뭔가 당신에게 열심히 말하고 있을 때 손님에게서 시선을 뗀다든지 곁눈질을 했다면 어떤 기분이 되겠는가. 또 손님을 맞이하는 미용사가 뭔가 이상한 눈빛으로 본다든지 얼굴도 움직이지 않고 곁눈으로 멍한 시선을 띄고 있다면 어떤 기분이 들겠는가. 이처럼 눈의 움직임은 매우 중요하다. —대화시 눈은 말의 마음을 전한다—라고 한다.

그럼 대화할 경우 어떤 눈의 위치가 적당할까. 흔히 상대의 눈을 보고 말하라고 한다. 그러나 실제로 상대의 눈을 보고 있으면 얘기하는 쪽에서는 상대방이 진심으로 들어주고 있다는 것을 넘어선 일종의 압박감을 느껴 가벼운 대화 등은 하기 어렵게 된다. 인간이 이야기하면서 또는 들으면서 상대의 눈을 계속 볼 수 있는 것은 3초~5초가 한계라고 한다.

우선 자신이 얘기할 경우에는 얼굴주위의 시선 내에 가운데에 시선을 둔다. 두 번째로 상대의 얘기를 들을 경우에는 ① 상대에게 시선을 맞춘다, ② 얼굴주위에 시선을 둔다, ③ 얼굴 주위에서 어깨너비 만큼 시선을 넓힌다. 이처럼 청취자가 됐을 경우에는 상대방 얘기의 장단에 맞춰서 ①②③을 반복하면서 얘기를 듣게 되면 말하고 있는 쪽도 즐겁고 편한 대화를 나눌 수 있다.

그러나 편한 대화를 나누는 경우에도 듣는 쪽이 계속 ③의 칸 안에서 시선을 두고 있으면 상대 쪽의 얘기를 위쪽 에서 듣고 있는 것처럼 느껴져서 얘기하고 있는 쪽에서는 매우 불쾌한 기분이 된다.

일을 하면서 나누는 손님과의 대화는 거울 속에서 일어나는 경우가 많은데 이 경우도 마찬가지라고 할 수 있다. 또 예를들어 점판을 설명할 경우는 눈의 사용법과 같은 요령인데 특히 강조하고 싶은 부분에서는 손님의 눈을 보고 말을 시키고 그 외는 ②의 칸 안에 시선을 두고 최후의 클로징(closing) 할 때는 "어떻습니까"든지 "그럼 가져가시겠습니까" 등의 말을 하면서 눈을 조금 크게 뜨고 약간 고개를 갸웃해서 손님과 눈을 맞춰 표정은 가볍게 미소 짓는 상태로 closing한다. 그러나 이 포즈도 계속 취하고 있으면 무언의 압박을 주어 불쾌감을 갖게 하는 결과가 되므로 상대방의 대답을 기다리지 말고 표정은 스마일 그대로 앞의 ③의 칸 안에 시선을 돌려 대답을 기다리도록 한다.

이상의 능숙한 대화법은 중요한 부분으로 처음에는 약간 어색해도 연습을 거듭하면 누구와도 능숙한 대화를 할 수 있을 것이다.

7) 대화체의 연습법

(1) 말의 박자와 높낮이

"어서오십시오"하나를 보더라도 그 용어가 쓰이는 상황이 소리의 억양, 큰소리, 작은 소리, 높은 소리, 낮은 소리 끝의 올라감과 내려감 등 어느 것을 취하더라도 동일한 것은 없다.

어떤 상황에서도 어느 손님 앞에서도 접객업은 자기의 기분을 드러내지 않게 될 때 그것이야말로 프로라고 할 수 있을 것이다. 여기서 말의 박자와 높낮이에 의한 연습을 생각해 보자.

대화에 능숙함, 어리숙함은 없다. 대화라고 한다면 전달하려는 말에 화자의 진정한 정감이 들어있는가 아닌가가 아닐까!

특히 접객업의 대화에서 이 정감을 전달할 수 있는가 없는가는 큰 차이를 만들어내게 된다. 같은 말을 해도 악센트(accent) 또는 어미의 발성 등의 차이로 전혀 다른 의미가 될 수 있다. 이런 경우만이 아니고 "어서 오십시오"의 한마디도 "어서 오십시오~"와 "어서 · 오십시오"라고 중간 중간 자른 것처럼 발성하는 것은 듣는 쪽에서 꽤 다른 느낌을 받을 것이다.

(2) 말의 발성법

높은 소리, 보통소리, 낮은 소리만으로 대화하는 것은 불가능하다. 그것은 말에는 소리의 고저에 의한 악센트와 동시에 소리의 질에 의한 정감의 표시법이 존재하기 때문이다.

하나의 소리 속에서도 여러 가지 음질이 있고 똑같은 소리 중의 말에 대해서도 음질을 변화시키는데 따라 말의 표정은 크게 변화한다. 각각의 소리 속에서도 밝게 발성하는 것과 어둡게 발성하는 것은 듣는 사람 쪽에서는 그 말의 뉘앙스는 크게 다르다. 가볍게 발성하는 것과 무겁게 발성하는 것은 전달하는 의미조차도 꽤 달라진다.

① 보통 : 자신이 보통 말할 때와 마찬가지 상태로 하는 발성

② 가볍게 : 확 트인 느낌. 말만 하지 말고 표정도 스마일 하는 것으로 누구에게나 가능한 것이다. 이 발성이야말로 접객의 가장 중요한 발성이다.
☞ 명랑-시원시원-생생하게

③ 과장되게 밝게 : 상대방의 호의에 대해서 의식적으로는 기쁨의 소리.
☞ "어머-너무 기뻐요-감사 합니다-"

④ 어둡게 : 어둡고 칙칙한 말은 접객용어로는 사용하지 않는다.

⑤ 가벼운 놀람의 발성 : 능숙한 맞장구는 사람의 마음을 끌게 한다. 고객과의 즐거운 대화를 위해서는 "네-. 아-. 그렇습니까-" 이것만으론 부족하다. 가벼운 놀람과 정감이 들어가야 한다. ☞ "어머, 그렇습니까!" "아-몰랐습니다."

(3) 말의 사이

말을 듣기 쉽게 하는 것도 싫증나게 하는 것도 이야기 전체의 흐름, 상태 그리고 사이를 두는 방법에 있다. 속도가 너무 빠르거나 느리면 상대방이 이해를 못하거나 들으려고 하지 않게 된다. 듣는 사람이 편하고 호감을 갖고 들을 수 있는 보통의 속도로 하며 사이를 둔다는 것은 말의 표현력으로서 대화전체를 이끌어 듣는 사람을 얘기 속으로 빠져들게 하는 큰 역할을 한다. 얘기를 즐겁게 하는 것도 말에 흥미를 갖게 하는 것도 사이를 두는 방법에 달려 있다.

정확한 말의 사이를 취하는 방법은 듣는 사람에게 지금까지 열거한 상황을 바르고 선명하게 전하고, 다음 말의 새로운 상황을 상상케 하는 큰 역할을 한다. 자신이 말할 때만 효과가 있는 것도 아니고 상대편에서도 이 사이를 이용해 맞장구를 치므로 말하는 사람도 한결 더 힘이 들어가고 대화는 흥이 나게 된다. 예를 들면 우리국악에 "얼~쑤" 등이 있는데 이때의 타이밍(timing)에 진행하는 사람의 흥이 생긴다.

듣는 쪽도 이 말의 사이를 두는 방법이라는 공통의 요인에 의한 것이다. 말의 사이를 두는 방법에는 많은 패턴(pattern)이 있으나 일반적인 대화의 경우는 1/2박, 1박, 2박 정도의 사이면 충분하다.

8) 접객화법의 3원칙

(1) 의문형 부탁화법

미용사라는 직업은 일반 점원이나 판매원과는 달리 국가시험의 자격을 갖고 항상 연구하는 기능인이라는 것 인지는 몰라도 손님을 리드해야 한다는 생각을 갖고 있는 사람이 의외로 많은 것 같다.

그래서 손님에게 "~하세요. 또는 ~해야 합니다"등의 명령어를 당연하게 쓰고 있는 것은 아닌가. 말하는 사람은 거의 아무 생각 없이 한다고 생각되는데 손님 쪽에서 보면 결코 유쾌한 말은 아니다.

의문형 부탁화법은 손님의 의지를 존중하고 물어봐서 의뢰하는 화법이다. 그러면 상대방도 이쪽의 의지에 따라 가능한 그렇게 해주고 싶다는 동조의 기분을 무리 없이 갖게 되고 기분 좋은 인간관계를 만들 수 있다.

"~을 해 주세요" - 명령조의 의뢰

"~을 해 주시겠습니까?" - 의문형의 의뢰

"~을 해 주실 수 없을까요?" - 부정 의문형의 의뢰

손님에게 향한 의뢰형 3가지 중 가장 호감을 갖게 하는 패턴은 역시 마지막일 것이다. 그러나 현실적으로 영업 중에 꼭 이런 화법이어야 한다고는 할 수 없다. 예를 들어 기능인으로서 전문적인 지식을 추구하고 그것에 대답하는 경우에는 책임과 자신을 갖고 '~을 해 주세요'라고 명령형의 의뢰도 필요하게 된다. 그러나 단지 우쭐한 기분에 처음부터 끝까지 명령조라면 손님은 기분을 상하게 될 것이다. 특히 나이어린 직원이 아무리 뛰어난 기술을 가졌다고 할지라도 연상의 손님에게 명령조를 쓴다면 불쾌한 일이 될 것이다. 또 원장이나 매니저가 직원에게 쓰는 것도 마찬가지이다.

(2) 마이너스 화법이 아닌 플러스 화법으로

① 마이너스적 요인을 전부 배제한 화법

② 마이너스 플러스적 화법-마이너스도 말해서 더욱 플러스적인 것을 강조한 이 화법은 아무것도 아닌듯하나 사실은 매우 중요하다. 더욱이 말은 마음의 표현이라고 할 수 있지 않은가.

예를들어 ① '저 사람은 예쁜데 키가 작다'와 ② '저 사람은 키는 작은데 예쁘다'는 같은 말이면서 의미는 상당히 다르다. ①, ②의 예문을 우리의 서비스에 투입시켜 보면'저 손님은 좋은 분이신데 말이 많으시다'이것은 미용사

들끼리의 대화지만 만일 다른 손님이 들었다면 아무리 남의 말이라도 기분 나쁠 것이다. 이것을 플러스 화법으로 바꿔보면 '저 손님은 좀 말이 많으시나 정말 좋은 분이다' 이처럼 플러스화법은 플러스 면과 마이너스 면을 정직하게 말하고 플러스 면을 강조하는 화법이다.

예) 지금은 3시 대기실에는 1명을 더 대기시킬 수 있고 5시까지 파마를 하고 싶다는 손님이 들어왔다.

① 5시까지요? 어떻게 될 것 이라고 생각되나 대기실에 아직 한분이 기다리고 계셔서 다소 기다리셔야 하는데 괜찮으시겠습니까?→마이너스화법

② 5시까지! 다음 손님이 계시기 때문에 다소 기다리셔야 하는데 5시까지는 어떻게든 끝내도록 하겠습니다. 이쪽으로 오셔서 기다려 주십시오 →플러스화법

ⓐ 5시까지요?-이것은 큰 마이너스화법이다. 5시까지 가능한 상황이라도 '무리이다 또는 할려면 할 수는 있으나……'의 느낌을 준다.

ⓑ ①의 '어떻게……와 생각되나'는 마이너스 요소로 겨우 겨우의 느낌이나 시간이 안 맞을지도 모른다는 느낌이고 ②의 '어떻게……'는 무리지만 노력해 보겠다는 뉘앙스가 전후의 말로 느껴진다.

ⓒ '…… 아직 …… '의 말이 마이너스다. 또 '……기다리셔서'는 많이 기다리게 될 것이라는 느낌을 갖게 한다. 사례 ①처럼 마이너스 그대로 말하고 마이너스를 누르는 플러스 면을 강조하는 것으로 마이너스 면이 플러스화법으로 된다. 사례 ②처럼 마이너스 면은 그대로 인정하고 뒤를 플러스화법으로 해서 결국은 전체를 바꾸는 법을 기억해 두어야 한다.

플러스화법은 전진형—상승형, 밝고—즐겁게 하는 화법이고 마이너스 화법은 반대로 후진—하향, 어둡고 절망적인 화법이다. 그러므로 특히 플러스화법을 몸에 익혀서 같은 말이라도 상대방이 피곤해 하지 않는 플러스 화법을 쓰자. 마이너스화법은 그대로 미용실의 마이너스로 연결되는 것이다.

(3) 설명화법이 아닌 유도심문화법

실제적으로 접객에서 주로 쓰는 화법이다. 즉, 손님이 갖고 있는 잠재적인 구매 욕구를 끌어내 얘기 중에 힌트를 주어서 기쁘게 물건을 사게 하는 화법이다.

"이번에~ 제품이 나왔는데……" 등의 직접적인 질문을 하는 경우엔 '여기서도 상품을 사야 되는구나……'라는 기분을 갖게 한다. 미용사의 가장 좋은 판매법은 머리를 하면서 같은 설명이라도 흥미를 갖게 한 후에 설명이 있으면 호감이 간다. "손님~제품을 알고 계십니까?"보다는 "댁에서 샴푸 후 어떻게 하십니까"라고 물어서 '~'로 대답을 받고나서 얘기를 진전시켜가며 자신의 기술을 어드바이스(advice) 한다든지 하면서 특히 드라이의 열에 손상되는 머리 얘기를 하며 "역시 아무리 비싼 제품을 쓰더라도 드라이할 때 드라이어를 가까이 대면 머리에 안 좋죠"라고 하며 헤어로션의 장점을 말해 구매를 유도한다.

손님은 듣는 것보다 듣게 하는 것을 즐기고 듣는 것보다는 말하는 걸 좋아한다. 또 일하면서 손님에게 내재되어 있는 자신을 위한 가족을 위한 건강에 관한 것 등을 얘기해 기쁜 구매가 되도록 하는 접객이 유도 심문 화법이다.

9) 손님상황에 따른 접객대응

미용실에는 학생, 회사원, 주부, 노인, 젊은이, 어린이, 폐점 시간 때 가까스로 오는 사람, 여유를 갖고 오는 손님, 서두르는 손님 등 다양한 손님이 오고 그때그때 항상 손님에 맞춰 대응해야 하는 것이 우리 미용사이다.

여러 가지 상황에 적응할 수 있는 접객기술을 익힌 사람이 바로 진정한 프로이다. 손님에 따라 말투를 잘 선택해야 한다.

말은 무조건 정중하다고 해서 좋은 건 아니다. 예를 들어 초등학생에게는 그에 맞는 약간 부드러운 말투로 너무 딱딱하지 않게 하며 그렇다고 너무 가벼운 말투도 곤란하다. 아무리 자주 오는 손님이나 동년배의 손님이라도 경어를 써야 한다. 근래엔 친구 사이의 말투를 손님에게 쓰면서 멋있다거나 좋게 생각하는 사람이 많은 것 같다.

10) 미용실에서 쓰이는 경어

(1) 겸양어의 사용법

자신을 낮추고 상대를 높이는 말이다. 예를들어 외부사람이 실장을 찾아왔을 경우 방문자를 높이고 실장을 낮춰서 얘기한다.

또 미용실 안에서 손님을 맞고 있는 미용사들이 손님과 아무리 친하다고 해도 친구와의 말투를 사용해서는 안 된다. 휴게실 같은 곳은 예외일 수 있으나 작업 중에는 깍듯한 말투로 대화한다. 또 작업 중에 찾아온 거래처 사람이나 미용사들끼리 큰소리로 반말을 한다거나 혼자 중얼거리는 것도 안 될 일이다. 접객에 있어서 말은 최대의 무기이자 재산이다. 그러나 말은 기술처럼 업무 중에만 사용하는 것이 아니다. 일상의 말투가 은연 중 손님과의 대면 중에 근본이 된다. 역시 아무 생각 없이 쓰는 말이야 말로 당신 자신의 말이다.

말의 사용을 의식해야 만이 자연스럽고 아름다운 말을 갖게 되고 정착할 수 있게 된다.

(2) 매일의 생활 속에서 미화어를 익히자.

미화어란 조금 낯설지만 자신의 말을 격조 높고 아름답게 하는 경어이다. 화제의 인물, 상대방, 듣는 사람에 대한 경어가 아니고 자기 자신의 말을 장식하는 것이다. 예 : "내일 휴가예요"보다는 "내일 휴가 받았습니다" 쪽이 미화어다. 미화어는 성질상 남성보다는 여성쪽이 많이 쓰는 말이다. 이것은 자신뿐만 아니라 주위 사람에게도 밝고 즐거운 생활에 보탬이 되게 한다.

(3) 상황 설정에 맞는 대화

상황에 맞춘 말, 표정, 동작이 손님의 기분에 딱 맞아서 살린 접객이 쾌감의 접객이라고 할 수 있다. 무엇보다도 중요한 것은 손님에 대한 정감을 정확히 말로 표현할 수 있다면 표정과 동작도 자연스럽게 따라오게 된다.

즉, 정감이 살아있는 말은 정감 있는 표정, 동작을 살리는 중요한 역할을 한다. 역시 살아있는 말, 상황에 맞는 표현력이 중요하다. 말을 한다는 것은 무의식적으로 긴 시간 동안 해온 것이며, 자신의 단점을 한 번에 고친다는 것은 불가능하다. 당신 자신의 노력하는 마음이 당신 생애의 재산이 될 멋진 대화, 매력 있는 대화를 익혀줄 유일한 방법이다.

11) 동작과 표정

(1) 손의 처리법

자연스런 느낌, 부드러움.

① 등을 쭉 펴고 어깨의 힘을 빼고 자연스럽게 선다.

② 배를 내밀지 말고 자연스런 상태에서 손을 앞으로 모은다. 이때 모은 엄지를 접지 않도록 주의한다.

③ 모은 손이 복부에 자연스럽게 얹히도록 한다.

(2) 인사

작업 중의 인사로 자연스러움, 따뜻함, 스마트한 인사이다. 15도 정도로 상대와 맞춘 그대로 비스듬히 앞으로 구부리며 목과 얼굴의 표정이 중심이 되게 한다.

12) 서비스 실무

최상의 접객을 추구하는 우리는 어떠한 경우도 접객의 3대요소를 단독으로 행해서는 안 된다. 말은 반드시 다른 요소인 '표정, 동작'을 사용함으로서 하고자 하는 말의 상승효과도 높아져 요구되는 것과 같은 최상의 접객이 됨을 잊어서는 안 된다는 것을 배웠다. 즉, 정감이 없는 말에는 표정 동작이 불충분하다는 것이다.

13) 미용실에서의 실무 레슨

※ 상황설정 : 오늘은 토요일이라 아침부터 미용실이 붐비고 있다. 당신은 후런트(front) 가까이 있어서 아까부터 3, 4회 "죄송합니다만~ 잠시만 기다려 주십시오" 라고 얘기한 상태로 대기실에는 대기 손님이 3명 더 있다. 이런 상황에서 당신의 단골 고객이 들어 왔다. 이 손님은 아직 말하지 않았지만 11시 반에 오면 늦어도 12시 15분에는 나갈 수 있을 것으로 생각하고 들어왔다. 여기서 당신도 직원들도 손님의 사정을 모르기 때문에 거절하는 경우는 생각하지 않는다.

- 이 손님이 최소한 쓸 수 있는말 -

"샴푸하고 드라이 하고 싶은데 금방 할 수 없을까요? 어느 정도 걸릴까요? 오늘은 다른 미용사라도 좋은데……."

이런 상황에서 당신은?

상황을 설정해서 접객을 생각할 때 가장 중요한 것은 일의 흐름을 잘 판단하고 결코 적당한 미용실의 흐름을 말하지 말고 또 단지 손님을 안심시키기 위해 가능한 쪽으로 얘기하고 시작하게 한 후 늦어져 약속을 못 지키게 되는 경우는 더욱 곤란해질 것이다. 또 미용실의 신용 면에서도 고객에게 실망감을 줄 수 있다.

이런 경우 최대한 시간을 넉넉히 생각해서 가능할지 시간에 안 맞을지 확실히 한 후 결정한다. 그리고 "○시 ○분 까지는 마무리 할 수 있습니다" 라고 확실히 말해준다. 프로로서 적당한 말이나 무작정하는 말은 신뢰감을 줄 수 없으므로 실정을 확실히 말해주고 상담하듯 해야 한다.

결론적으로 말하면 이런 경우 접객은 당신이 일방적으로 무리해서 설득할게 아니라 심정을 넘어서 실정을 바르게 얘기하고 최종 결정은 손님 자신이 내리도록 하는 접객이 필요하다. 이것은 점판의 경우에도 마찬가지이다.' 판매는 잃더라도 손님은 잃지 말라'는 말이 있다. 기술의 경우에도 이점은 같다. 눈앞의 판매에 매달려 중요한 손님과의 신뢰를 져버리지 않는다.

14) 정리

다음은 미용 접객기술의 진정한 의미를 나름대로 기술한 것이다. 상대하는 모든 이에게 쾌감을-무의식적으로 자연스럽게 쾌감을 전달할 수 있도록 됐을 때 그것이 진짜 접객기술의 완성이다. 접객기술이란-차곡차곡 쌓은 이론을 기초로 매일 실무의 현장에서 끊임없이 실천함으로서 자신의 것으로 습득할 수 있는 것이다. 항상 아름답고 즐거운 말, 아름다운 밝은 표정, 아름다운 동작을 취함으로서 자연스럽게 습득하고 자신의 것이 되는 것이다. 어떤 때, 어떤 상황이라도 진심에서 접객이 이루어져야 현대의 멋진 프로 미용사라 할 수 있다. 접객을 하는 사람은 말이 최대의 무기요 최대의 재산이다. 그러나 말은 미용기술처럼 업무 중에만 쓰이는게 아니고 항상 쓰는 것이다. 우리는 일상생활에서 말을 사용하며 살고 있다. 그것만으로도 일상의 말이야 말로 아주 중요하다. 사실 일상의 말이 그대로 업무 중에 쓰는 말의 기본이 된다.

종종 일이 순조롭게 되지 않는다고 해서 손님과 떨어지면 반말을 아무렇지 않게 사용하는 미용사를 본다. 그러나 그것은 큰 잘못이다.

역시 미용실에서 작은말 한마디라도 반짝이는 말을 구사하는 사람은 일상생활 속에서도 말을 중요하게 여기기 때문에 자연스럽게 생기는 것이다. 배우는 것으로 끝나지 말고 매일 생활속의 작은 말 한마디라도 다시한번 생각해 보고 사용하자.

말을 문장으로 나타내면 누가 써도 같은 영향을 전해주기 쉽다. 그러나 글이 사람의 입을 통해 나오면 진한 생명감을 갖고 움직이기 시작하므로 살아있는 말도 되고 또한 죽은 말도 되는 것이다.

예를들면 "어서오십시오, 감사합니다"란 단어도 그것을 말하는 사람의 마음으로 말은 바뀌게 된다. 그것은 말에 진정한 생명을 넣는 것이 인간의 마음이기 때문이다. 적어도 접객은 손님을 향한 감사, 고마움과 존경의 마음을 갖고 말하지 않는 한 어떤 정중한 말도 살아있는 말로서 손님에게 전해질 수 없다.

접객은 접객하는 사람의 인격이 반영되므로 말이나 겉치레뿐인 테크닉에 빠져 있어서는 영원히 프로로서 접객을 완성하는 눈을 갖는 것은 불가능하다. 멋진 접객 기술이 되기 위해서는 손님뿐 아니라 자기 주변의 사람들에게 항상 감동과 배려와 존경의 마음을 갖고 살아갈 것을 잊지 말아야 한다.

15) 불평에 대하는 접객

일단 일어난 트러블에 대해서는 재빨리 그러나 스마트하게 대처해 해결하는 것이 중요하다. 이런 경우야말로 접객기술을 십분 발휘해야 할 때다.

(1) 우선 트러블이 되지 않게 대응하는 것이 제일

처음 온 커트 손님의 경우에 불평과 트러블은 대개가 손님과 시술자간의 대화 부족에서 온 짧게 자른 머리일 것이다. 무엇보다 중요한 것은 역시 손님의 입장에서 손님이 말한 길이보다 조금 더 길게 잘라서 일단 물어본 후 원하는 길이를 맞춰 준다. 또 손님자신도 커트후의 이미지만 생각하고 있을 것으로 기술자인 당신이 자른후의 상태를 잘 설명하는 등의 대화가 필요하다.

(2) 솔직하게 사과하자.

실수했을 경우 '사과하면 나의 자존심은…'든지 '어떻게 넘어가자'라는 생각보다는 솔직하게 진심으로 사과하는 것이 중요하다. 어린이나 촌스러운 손님한테는 다시 오지 않을 것이란 생각에 적당히 사과해서는 안 된다.

(3) 사과의 말은 확실히 그리고 정중히

"대단히 죄송합니다" "~용서해 주십시오" 등의 진정한 사과의 말을 쓴다.

(4) 발생할 트러블의 대응책

① 손님의 변명을 잘 듣는다. 말에 다소 모순이 있다고 해도 말 도중에 반발하거나 말을 자르고 반론을 제기하지 않는다. "아, 그렇습니까" "네,

당연합니다"라고 정중한 맞장구를 치고 말하고 싶은 것을 전부 하도록 하는 것이 중요하다. 또 하고 싶어 하는 얘기가 무엇인지 확실히 해두어야만 손님의 불평에 대한 대응책이 나올 수 있다.

② 절대로 감정에 치우치지 않을 것

③ 그 자리에서 단정적인 말을 쓰지 말 것

(5) 불평 트러블(trouble)의 해결책

① 확실히 100% 자신의 책임이라고 생각될 때는 쓸데없는 변명을 하지 말고 잘못을 인정해 마음에서 우러나는 사죄를 하는 것이 문제가 커지지 않고 해결하기 쉽다.

② 그 자리에서 자신의 잘못이라고 생각되는 경우에는 반드시 "원장과 상담한 후에 확실한 답을 드리겠습니다"라고 일단 최종 결정을 남겨 두는 것이 필요하다.

③ 기술적인 트러블 중에서도 특히 퍼머의 경우 펌제나 화장품에 관한 트러블 일때는 가능한 사무적인 태도가 필요하다.

그 자리에서 대응하지 말고 제품회사(메이커) 또는 피부과의사와 상담 후 대응을 해야 트러블이 미용실의 신용을 떨어뜨리는 것을 막을 수가 있다. 역으로 트러블은 트러블로서 그것을 기점으로 하다보면 큰 신뢰감으로 전환시키는 경우도 있다. 일단 미용실에서 일어날 수 있는 기본적인 트러블에 대해 레슨을 해 두는 것이 최상의 접객기술을 가진 미용실이라고 할 수 있다.

CHAPTER 3

미용실 · 피부관리실 · 네일관리실 경영방법

CHAPTER 3

미용실 · 피부관리실 · 네일관리실 경영방법

제1절 경영의 기본정신을 확립하자.

먼저 책 내용은 미용실 경영에 예를 들고 있으나 피부 관리실, 네일 관리실 등에 100% 동일하게 적용 된다는 점을 미리 말씀 드린다. 경영을 쉽게 생각하는 이들이 많다. 그러나 만약 예비지식 없이 시작한다면 가장 어려울 수도 있다. 잘 알지 못하고 이해하지 못하여 성공을 거두지 못하는 경우를 종종 보게 된다.

문을 여는(open) 것이 중요한 것이 아니라 경영관리체계를 잘 갖추어 시작하는 것이 순서이고 사전에 충분한 조사, 연구, 분석하고, 정보를 입수하여 차질이 없도록 하여야 한다. 미용역사를 보면 배고픔시대→기술 최고시대→기술과 자본의 시대(규모경영)→기술, 자본, 경영능력(고객만족시대)로 발전해 왔고 이미지, 수익성 경영시대가 시작되었다.

1) 원장의 경영철학을 확립하자.

기술을 배우고 직원으로 근무할 때와 직접 경영을 해야 한다는 것은 항상 같은 일을 반복하는 것 같지만, 실제 상황에서는 해야 할 일이 많을 것이다. 경영철학은 곧 개인의 정신과 혼이요, 미용인에 대한 이미지이기도 하다. 이것을 고객과 직원에게 심을 수 있어야 하며 이러한 정신(혼)을 확고한 신념 속에서 정립하여 흔들림 없이 초지일관되게 나아가야 한다.

미용실의 원훈(business motto)을 사랑, 성실, 진실, 고객, 직원을 가족처럼, 처음처럼, 1인1기, 정직 중 한 가지 또는 두 가지를 정하였을 때 그 원훈의 느낌을 미용실 방문한 고객이나 근무하는 직원들이 느낄 수 있어야 하며, 실천해야 한다.

경영철학을 직원의 풍요와 건강, 고객의 모발관리를 책임지겠다고 한다면 이것에 대한 구체적인 계획을 수립하여 실행해 나가야 한다.

2) 브랜드 이미지를 살리자.

미용실을 가보면 상호는 있는데 그 상호를 활용하지 못하고 있다. 미용실 내부를 살펴보면 자신의 로고와 마크는 보이지 않고 두발용 제품, 커트 보, 염색 보, 앞치마, 벽에 붙은 POP(point of purchase advertising), 기계, 기구 등 다른 회사들의 브랜드만 쉽게 발견할 수 있다. 이것은 그 미용실의 혼이 없고, 자존심이 없는 상태가 된 것이다. 지금부터라도 고치자, 혁신하자, 바꾸자.

자신의 로고와 마크를 인쇄 또는 스티커를 제작하고 활용할 수 있어야 한다. 즉 커트 보, 염색 보, 어깨 보, 타올, 직원들 앞치마, 고객 가운 등을 전문업체에 제작의뢰 하고 제작할 때 칼라, 디자인, 인쇄상태 등을 검토하고 각종 기계, 기구, 포스터, POP 등에는 스티커를 제작하여 붙여야 한다.

3) 시스템(system)화 하자.

기술적인 부분에서도 통일된 작업방식을 만들어 시스템화하여야 한다. 커트, 퍼머, 염색, 샴푸, 올림머리 등 기본 스타일과 응용스타일을 구분하여 작업방법을 시스템(system)화시키는 것이다.

접객도 역시 매뉴얼화 하여야 한다. 예를 들면 접객용어, 음료접객매뉴얼, 전화 받는 요령 등 음료접객매뉴얼을 살펴보면 일반적으로 미용실의 직원들은 "차 한잔 하시겠어요", "커피 드릴까요" 등의 일방적인 접객을 시도한다. 여기에서 중요한 것은 메뉴 선택권을 고객에게 주고 고객이 선택하게 하는 것이다.

직원 : 차 한잔 드시겠습니까?

① 커피, ② 녹차, ③ 쥬스 있는데 무엇으로 드릴까요!

고객 : 쥬스 한잔 주시겠어요.

직원 : 잠시만 기다려 주십시오.

(차를 가지고 와서) 맛있게 드십시오.

고객 : 감사합니다. 또는 네.

위와 같이 하는 것과 막연하게 차 한잔 드시겠어요. 하는 것과의 차이는 더 이상 논하지 않아도 느낄 수 있을 것이다.

4) 계획성을 가지고 하자.

모든 업무에서 계획성 있게 일을 처리하면 문제점도 없을 것이고 불만도 적어지게 된다. 어떻게 하면 잘 될 수 있을까가 아니라 지금 운영하고 있는 미용실 내에 존재하고 있는 문제점(개선점)을 파악한 후 제거하는 것이 더 급한 일이다.

5) 경영지식을 익히자.

미용경영의 환경변화는 이미 이루어지고 있다. 미래사회는 지식기반사회(knowledge-based society)라고 미래학자들이나 사회학자, 경제학자들은 예측하고 있다. 시장을 파악하는 능력이 필수이며 학습능력이 있는 조직을 만들 수 있느냐 없느냐에 따라 성패가 좌우된다.

개방화시대에 우리는 새로운 사고와 형태를 갖추어야 한다. 지식근로자, 지식관리자(knowledge manager)를 양성하여 직원들에게 그들의 아이디어를 개발할 수 있는 기회를 부여하는 것이 중요하며, 고도의 정보 미용기술을 활용할 줄 알고 이를 바탕으로 가치증대를 할 수 있느냐가 핵심이다. 시대에 앞서가고 고객이 요구하는 고부가가치 창출이 무엇보다도 중요하다. 앞으로 인력관리는 채용이아니라 관리이다.

우리는 실제로 지식기반경제(knowledge based economy)를 잘 이해하지 못한채 제도를 도입하여 대부분의 경영자들이 실효를 거두지 못했다. 물론 성공을 거둔 경영자도 있다. 수익성과 관리시스템을 통하여 고부가가치를 창출하기 위해서 ① 관리자제도(본부장, 실장, 매니저, 점장), ② 분점 open 등을 도입하여 실행해 보았지만 경영자들의 준비가 미숙하여 생각만큼 효과를 거두지 못하고 있다. 미용 경영자들이여 지식자본을 갖추자. 이것은 물론 무형자산이다. 제도를 도입하는 것도 중요하지만 스스로 관리능력이 있는지 자신을 우선 살피는 것이 필요하다.

미용 경영인을 위한 십계명

① 모든 사람을 귀하게 대하라(인격예우)

② 관대하라(포용력)

③ 중용을 실천하라

④ 실수를 인정하라

⑤ 우선순위를 정하라(업무)

⑥ 약속을 지켜라

⑦ 진실을 말하라

⑧ 세계화 되는 사회를 향해 청지기직을 실천하라.

⑨ 정확한 정보를 얻도록 하라.

⑩ 이익을 추구하는 과정에서 영혼을 잃는 일이 없도록 하라.

미용실 경영의 모형과 미래(세계화)

A: 경영(Management)

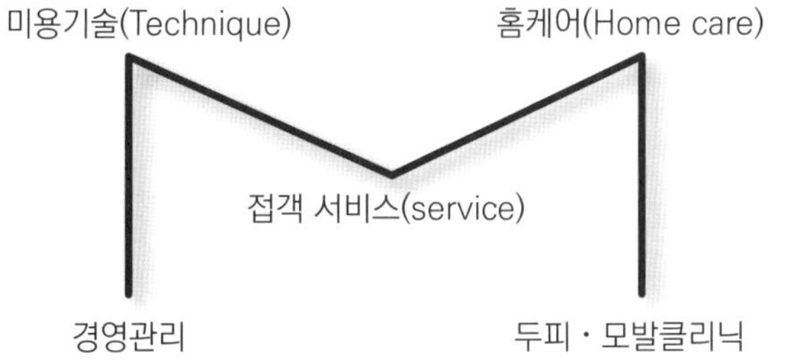

B: 경영모형(Management model)

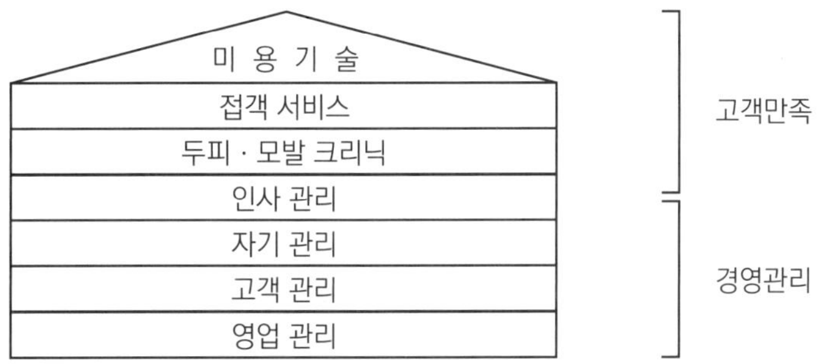

C: 경영의 세계화(Management of globalization)

제2절 미용실의 개념을 바꾸자.

지루한 당신의 모습을 바꾸는 곳, 두피 모발 건강관리를 위한 클리닉 개념의 시술, 아름다워질 수 있는 정보를 제공받는 곳, 토탈(total) 코디를 어드바이스(advice) 받을 수 있으며 두피, 모발과 두피에 대한 문제점을 해결 받을 수 있는 전문 샵(shop)으로 바뀌고 있다. 지금까지의 피부, 네일아트, 퍼머, 염색, 드라이, 커트, 샴푸, 트리트먼트, 올림머리 등을 시술받는 곳에서부터 먼저 언급한 것까지의 개념이다.

개성을 요구하는 시대에 개성을 강조한 자신만의 스타일을 고집하는 현대인, 능숙하고 고난도의 기술로 획기적인 모습으로 바꾸기를 원하고 자신의 문제점, 즉 비듬이 있고 두피가 가려울 때에 두피가려움증이나 비듬제거 또는 예방법을 과학적으로 상담받기를 희망한다. 기술만 있으면, 시설이 잘되어 있으면, 잘된다는 시대에서 빨리, 먼저, 친절, 위생 등 확실한 서비스(service)를 원한다. 그래서 미용실들은 클린&스마일(clean & smile)을 선언하지 않을 수 없다.

우리 미용인들은 사고방식과 행동양식을 바꾸고 변화하지 않으면 결코 고객이 꿈꾸는 희망에 부응할 수 없다.

제3절 직원 마케팅

미용실은 두 종류의 고객을 갖고 있다. 하나는 통상적 의미에서의 고객인 외부고객이고, 다른 하나는 미용실의 직원인 내부고객이다. 미용실의 직원들을 일차적 고객으로 보고 그들에게 고객지향적 사고를 심어주고 동기를 부여하는 활동인 내부 마케팅도 중요하다는 인식을 가져야 한다.

내부 마케팅이 점차 중요해지고 있는 것은 치열한 경쟁으로 인해 미용실 직원들의 중요성이 증가했기 때문이다. 미용실의 중요한 강점이 기술, 인테리어, 위생상태, 값비싼 기계 · 기구, 가구도 중요하지만 더욱 더 중요한 것은 잘 훈련된 직원으로 바뀌어 가고 있다. 내부 마케팅은 직원을 고객으로 보고 더 좋은 성과를 낼 수 있도록 하기 위해서 만족할 수 있는 여건을 조성하는 것이다.

직원들이 스스로 정당한 대우를 받고 있다고 느끼며 미용실을 자랑스럽게 여긴다면 그들은 자연스럽게 외부고객에게 만족을 주기 위해 노력할 것이다. 이제 미용실 내에서 원장, 사장, 실장, 매니저는 더 이상 통제, 명령, 지시하고 군림하는 사람이 아니라 직원들이 일을 열심히 할 수 있도록 여건을 최대로 조성해가는 보조자가 되어야 할 것이다.

직원들과 거리감을 두는 것이 아니라 좀더 가까이서 지낼 필요가 있으며 직원을 인격적으로 대해야 그들도 고객을 소중히 여기게 될 것이라고 믿는 것이다. 또한 원장이 직원들에게 고객지향적 사고를 가지라고 말하기 전에 원장부터 직원들에게 대한 배려를 아끼지 않아야 한다. 직원을 대할 때는 항상 고객 못지않게 중요하게 여겨야 일을 하는데 신바람이 나고 새로운 시너지 효과가 발생될 수 있다. 내부고객의 만족이 없이는 외부고객의 만족이 있을 수 없기 때문이다. "불만이 있는 직원들은 테러리스트이다." 라는 말이 있다. 그들은 서비스의 질을 송두리째 파괴할 수 있기 때문이다.

10-1=0이라는 공식이 있다. 10명이 잘해도 1명이 잘못하면 고객만족은 없다는 것이다. 직원은 미용실의 성공에 결정적인 역할을 하는 존재로 인식하고 이들의 욕구를 충족시키며 동기를 부여하는 직원 마케팅이 필요하다.

미용실에서 근무하는 직원들을 보면 젊은 층으로 형성되어 있고, 30대 이상은 대부분이 원장으로 변신한다. 이것이 정상인지도 모른다. 경영자들이 염두해 두어야 할 것은 젊은 연령층들의 감정이나 정서를 충분히 이해할 수 있느냐는 것이다. 과거에는 기술을 배울 때 손끝에서 피가 나고 다리가 퉁퉁 붓고 허리를 펼 시간이 없어도 불평이나 항의를 하지 못하고 했는데 요즘 것들은 못됐다고 생각하며 과거의 고통을 들추어내면서 원장의 합리성을 주장하지 말고 그러한 일들을 이렇게 극복하면서 지금까지 미용을 하게 되었노라고 조금더 설득력 있는 예를 든다면 서로의 공감대가 형성될 것이다.

본 저자도 가끔 원장님들과 인사관리 문제를 놓고 직원들의 얘기를 나눌 때가 종종 있다. 어떤 원장은 직원들에 대해 아주 부정적인 평가를 하기도 한다. 직원들이 성격도 못되었고, 교육을 시켜도 안 되며 우리 미용실의 분위기가 그들 때문에 심각하니까 내 보내겠다는 것이었다. 그리고는 다른 미용실에서 쓸만한 사람을 데리고 오겠다고 말씀하셨다.

여기에서 경영자들이 알아야 할 것은 문제를 해결함에 있어 고용과 해고만이 경영의 핵심이 아니라는 점이다. 미용서비스분야에서 직원의 중요성과 정서적 노동의 개념을 잘 이해하고 있다면 좀 더 유연성을 가지고 자발적인 노력을 유도할 수 있는 리더쉽이 보다 근본적인 처방임을 인식할 수 있을 것이다. 미용사들에게 고객과의 접촉에서 발생하는 스트레스와 육체적인 고통을 해소할 수 있는 방법을 가르쳐 주어야 한다. 언제까지 마음에 드는 직원은 근무시키고 마음에 들지 않는다며 내보내는 일을 계속할 것인가?

제4절 미용은 EQ 문화이다.

감성지수(EQ; Emotional Quotient)는 1990년대초 예일대학의 샐로베이 교수와 뉴햄프셔 대학의 존 메이어 교수에 의해 체계화된 개념이다. 이는 자기 자신과 타인의 감정을 정확히 인지하여 사회활동 등 조직생활에 배려할 수 있는 능력으로 이해된다.

인간의 능력을 지능지수(IQ; Intelligence Quotient)로 평가하고 이것이 좋으면 인재, 신동이라 하였다. 그러나 우리가 그동안 보아왔듯이 우등생이 항상 인재는 아니었다. 똑똑하고, 머리 좋고, 계산 빠른 것이 성공의 요소가 아니라 자신의 감정과 정서를 잘 관리하고 다른 사람의 마음을 읽고 공감하여 적절히 배려할 줄 아는 능력이라 할 수 있다.

그렇다면 이러한 흐름을 미용경영에서 어떻게 받아들여야 할까. 이제 21세기에 적응할 때이다. 기술이 우선이고, 자본이 충분하고, 머리만 좋으면 그동안 잘 되었던 미용이 언젠가부터 왜 힘들어졌을까?

일인십색인 직원관리와 일인백색인 고객들의 다양한 마음을 읽지 못하고 이에 따른 철저한 준비가 없었기 때문이다. 이러한 흐름에 적응하기 위해서는 창의와 개성이 존중되는 감성적 미용문화를 만들어가는 노력이 필수적이다. 불확실한 미용환경에서는 기술이 우수하고 머리가 우수한 인력보다도 안으로는 팀웍(Team work)을 이루며 밖으로는 고객의 마음을 통찰할 줄 아는 인간미를 갖춘 감성적 인간을 요구하고 있다.

미용을 하는 대부분의 사람들은 감성이 아주 풍부하다. 그러나 이것을 잘 활용할 줄 아는 경영자만이 영광이 주어질 것이다.

제5절 미용실 경영문화를 정착시킬 때

벤치마킹(Bench Marking)을 통해서 잘되는 미용실과 안 되는 미용실의 차이점을 살펴보았듯이 우리는 외국에 나가서 잘되는 업소, 큰 업소, 기술이 좋은 업소, 서비스가 잘되어 있는 업소 등을 견학하였고, 국내대회, 국제대회를 통해서 미용의 위상과 화려함을 느끼면서 보아왔다. 또한 국내에서 다양하지 못한 기계, 기구, 제품류도 국제 전시회를 참가하여 미용분야의 시야를 넓혀왔고 실천력이 단호하다 할 정도로 발전 하였다.

그러나 우리는 우리의 미용역사와 문화 등을 잘 살피면서 우리 사회적 특성이나 긍정적 요소, 관행을 계승 발전시키면서 미국, 일본, 영국, 프랑스보다 우위이거나 버금갈 수 있는 경영제도를 만들어야 한다고 생각한다. 우리 미용업계의 경영제도를 정립하기 위해서 현재 펼쳐지고 있는 경영적 특성을 연구, 분석하여야 할 필요가 있다. 미국이나 일본의 미용 산업을 우리 경영현실에 모방하거나 흡수하는 것 보다는 그들의 강점이나 아이디어를 받아 들여 우리 실정에 맞게 다듬을 필요가 있다.

우리는 먼저 성공하기 위해서는 기술이나 지식적으로 과학화시켜 나아갈 수 있는 우수인력 양성을 해야 하며 투자를 아끼지 않아야 한다. 예술은 이익보다 투자가 필요하다. 보다 승화된 예술로서 살아있는 공간이 되도록 투자를 아끼지 않아야 한다. 이외에도 직원간의 화합과 신뢰관계, 원장이나 사장의 전문경영학습과 사업예측능력, 지속적인 서비스와 미용기술개발, 경영자의 자질과 능력함양, 시장 판단력과 정보 입수력, 경쟁력 제고를 위해 경영혁신, 경제적, 인간적, 사회적 관점에서 경영비젼 정립 등을 통해 미용환경 변화에 적응할 수 있어야겠다.

앞으로 다음과 같이 경영하면 실패할 수 있다. 과시욕에 따른 무리한 규모 확장, 분점확장, 원장, 사장의 독단적 경영, 미용 기술만 있지 경영, 자금관리에 역부족인 경영자, 서비스, 기술개발노력부족, 직원과의 관계악화, 원장의 비윤리성, 미용경영환경 변화에 대한 대응부족 등을 들 수 있다.

"예쁜 정원을 갖고자 하는 사람은 잡초가 자랄 자리를 남겨 두지 않는다."

1) 벤치마킹에 의한 미용실 경영

(1) 벤치마킹(Bench marking)의 목적

① 미용실 경영에 성공의 확률을 확신하는 것이다.

② 자신이 경영하고 있는 운영방식을 파악한다(강점 : 포착하여 이용, 약점 : 타파)

③ 미용실 경영의 선두 또는 경쟁자를 파악하는 것이다.

④ 최고의 미용실 경영 방법을 추구한다.

(2) 벤치마킹(Bench marking)의 구체화

① 수량지표(metrics) - 숫자 개념을 가지고 구체적으로 정산하여 명시할 것

② 작업방식(practice) - 현재 경영하고 있는 작업방식 검토

③ 마인드 형성 - 상하간의 격차 해소

↓

경영층 관심

↓

조직 의사 소통

↓

직원 참여도

↓

최고의 경영 방법 촉구(초우량 성과)

※ 우수한 것을 발명하는 것보다는 더 나은 방법을 발견하자.

④ 고객의 욕구 이해 - 무한히 아름다워지고 싶은 인간의 욕망

↓

미용업계 최고의 작업방식을 추구하여

↓

고객의 요구 충족

⑤ ㉠ 내부지향적 비교-우월감을 조장하는 경향이 있고, 자만으로 인한 나태를 낳을 수 있다.

㉡ 외부와의 비교-미용업계의 최고 방식을 제시하고 이의 적용을 독려한다.

※ 가장 중요한 가치는 내부보다 외부의 우수한 작업방식에 학습되어져야 한다.

⑥ 경쟁력 유지를 위하여 끊임없는 변화가 필요한데 이 변화는 행동으로 옮기는 조직에 의해서만 이루어지며 이것을 추구할 때만이 최고의 결과를 얻을 수 있다.

㉠ 변화의 필요성을 확신하는 것

㉡ 변화를 어떻게 수용할 것인가.

㉢ 왜 변해야 하는가-변화에 적응하기 위해서이다.

㉣ 누가 변할 것인가-진정한 변화는 나 자신(원장)이 변하는 것이다. 최고가 되고 싶거든 하기 싫은 것을 하자.

⑦ 최고의 미용실이 될 수 있도록 목표수립을 구체적으로 하자. 그리고 작업방식이나 과정을 체계화(systematize)하자.

〈질의서〉

① 지금 경영하고 있는 미용실의 장점은 무엇입니까?

② 문제점(개선점)은 무엇이라고 생각 하십니까?

③ 직원이 이동하는 이유는 무엇이라고 생각 하십니까?

④ 미용실에서 직원들에게 제시할 수 있는 비젼(vision)은?

위 항목에 대해서 구체적으로 답할 수 있을 때에 정상적인 경영 방법이 나올 수 있을 것이다.

2) 미용실 경영의 장 · 단점 비교

(1) 미용실 경영이 잘되는 이유

① 고객에게 기술이 최고라고 인정받는 미용실

② 고정고객을 유지하고 있는 업소

③ 마음(정성)이 담긴 접객-자세나 태도가 바뀌는 서비스(service) 보다도 정성이 담긴 접객에 만족한다.

④ 핵심 맴버가 바뀌지 않는다.

⑤ 고객과 직원들에게 투자를 아끼지 않는다.

⑥ 모든 일에 계획성이 있다.

⑦ 고객을 기다리게 하지 않는다(신속처리)-스피드(speed) 경영도입

⑧ 단계별, 종합적으로 교육이 잘 이루어져 있다.

⑨ 조사, 분석, 연구한다.

⑩ 업무가 구체화되어 있다.

⑪ 새로운 아이디어가 풍부하다.

⑫ 항상 청결이 유지된다.

⑬ 유니폼 통일되고 명찰을 착용하고 있다.

⑭ 정보가 빠르다.

⑮ 관리상의 업무가 제도화되어 있다.

⑯ 모든 고객에게 동등한 예우

⑰ 요금부담 없다고 생각-지역 상황에 맞게 책정

⑱ 고객, 직원상하간 인격예우가 이루어진 업소

⑲ 인간 관계가 원만한 원장일 경우

⑳ 원장 직업관이 뚜렷할 때

㉑ 근무하고 있는 미용실이 비젼이 있다고 생각할 때

(2) 미용실 경영이 안되는 이유

① 자기가 최고라는 생각 - 자기 도취에 빠져있는 원장 또는 디자이너

② 정보를 잘 받아드리지 않는다.

③ 미용실 위치가 좋지 않을 경우

④ 요금 부담-지역 특성을 파악하지 못함

⑤ 지저분하다.

⑥ 기술이 뒤떨어져 있는 업소

⑦ 불친절하다.

⑧ 원장과 직원간에 친밀감이 없다(일 · 대화).

⑨ 모든 고객에게 원장이 신경쓰지 못한다.

⑩ 디자이너가 자주 바뀐다 - 디자이너 1명이 바뀔 경우 디자이너의 매출 30~40% 감소

⑪ 원장이 자리를 자주 비운다.

⑫ 자기 개발을 안 하는 업소

⑬ 편해지려고 한다 - 경력, 명예(동업계에서), 경제적인 여유가 어느 정도 있다고 할 경우

⑭ 약속을 지키지 않는다(고객, 직원)

⑮ 직원들이 원장을 의심하기 시작하는 업소

⑯ 관리상의 시스템에 문제가 많은 업소

(3) 최근 불황을 타개한 업소의 공통점

① 원장의 인간관계가 원만

② 생동감 있는 분위기 - 마음이 담긴 접객

③ 고정고객 유지 즉, 고객과 가족(family)화

④ 직원들이 바뀌지 않는 업소

⑤ 두피고객과 남성 고객이 많은 업소

⑥ 투자비용 최소화

⑦ 교육투자를 아끼지 않는다.

최근 우리업계의 상황을 살펴보면 우리가 일반적으로 생각한 기술이 우수한 업소, 경영상의 제도화가 잘되어 있는 업소, 대형 미용실이 잘될 것 같고 불황을 극복할 수 있을 것이라는 사고는 완전히 빗나가고 말았다.

(4) 직원이 이동하는 이유

① 다른 미용실에 대해서 원장들이 관심이 있는 만큼 직원들도 관심이 많다(특히 대형업소, 유명 미용실, 프랜차이즈 업소 등)

② 근무하고 있는 미용실이 앞서가지 못한다고 생각 될때

③ 인격 예우가 없을때

④ 다른 기술에 관심-익히기 위해

⑤ 본인의 기술에 한계를 느낄 때

⑥ 동료간의 갈등

⑦ 기득권 때문에 적응 못함(텃새)

⑧ 지역적인 여건(교통, 근무시간, 고객수준)

⑨ 더 이상 성장이 없다는 생각

⑩ 몸이 아프다 등…….

※ 위 벤치마킹(bench marking) 결과에서 우수업소의 경영실태를 공개하지 못한 것은 여러 가지 현실 때문이다. 실평수, 투자금액, 구성인원, 위치, 지역, 셋(set)의자수, 월매출 등의 조사결과는 우리 미용업계에도 벤치마킹이 반드시 적용되어 최고의 미용실이 다수 탄생되었으면 한다.

제6절 이미지 경영

(1) 봉사 활동을 통한 이미지 경영

고아원, 양로원, 복지원 등을 직접 방문하여 그들과 함께 지내는 일이 그들에게 있어서는 얼마나 기쁜 날이 되는지 직접 현장 활동을 해 본 사람만이 느낄 수 있다. 함께 놀이하고, 음식을 같이 나누는 일, 세탁과 목욕을 시키는 일을 하면서 우리의 주특기인 머리를 매만져 주면은 그들로서는 더할 나위 없이 좋은 날이 되겠지만 그 일을 하고 있는 나 자신에게 더욱더 감동과 감격을 가져다 준다.

(2) 장애인 협동화 사업을 통한 이미지 경영

① 1층 입구에 벨, 인터폰 등을 설치하여 벨을 누르면 장애인의 도움 요청인줄 알고 뛰어 내려가 무사히 올라올 수 있도록 하여 시술받을 수 있도록 하는 것

② 장애인 재단에 회원으로 가입하여 회비를 납부 하여 장애인들의 복지에 도움이 되는 일

③ 고객 중에 장애인이 있을시 언제든지 도움을 요청하면 응할 수 있는 준비

(3) 소년, 소녀 및 무의탁 거주자와의 자매결연을 통한 이미지 경영

관할 주민 센터에 의뢰하여 소개받은 뒤 여러 가지 방법으로 도움을 드리는 방법.

위 사항들은 미용실의 이미지 사업으로 참여하여 직원들의 인격함양과 봉사정신을 심어줄 수 있고 이러한 활동사항을 미용실 게시판에 부착하여 고객들이 시술도중 살펴봄으로써 지루함도 덜어주고 새로운 이미지를 부각시킬 수 있는 좋은 계기가 될 수 있다.

제7절 고객을 위한 발상 전환

1) 모발 손질을 할 수 있는 머리 손질방 운영

① 목적 : 고객의 편리함과 경제성(가정 경제)에 도움을 드린다.

② 대상 : 길거리에 다니는 누구라도 가능(남녀노소 불문 미용실의 고객이 아니어도 가능)

③ 이유 : 약속시간 때문에 바쁘게 머리손질을 하거나 머리손질이 안되거나 흐트러진 머리를 원하는 스타일로 가볍게 손질하고 싶을 때

④ 요금 : 무료

⑤ 설치 : 거울다이 1대, 의자 1개, 각종 브러쉬, 드라이 롤 종류, 드라이기, 젤, 무스, 스프레이, 물 스프레이, 고무줄, 핀 종류 등을 비치

⑥ 운영 : 1일 서비스 담담자가 관리

2) 고객 한마당

우리나라 고유 음악과 흥을 가져다주는 국악한마당을 연다.

① 대상 : 우리 미용실 방문고객

② 행사진행 : 전 직원 동원(휴무일 선택하여 진행)후 사후 휴가로 대체한다.

③ 장소 : 구민(시민)회관, 예식장, 각종 공간 활용

④ 식사 및 사은품 증정

⑤ 강사 : 판소리나 국악전문가

3) 고객 초청 강좌

① 대상 : 우수고객 또는 전 고객

② 장소 : 구민(시민)회관, 예식장, 각종 장소

③ 강사 : 자체강사 - 원장, 디자이너, 초청강사-전문 강사

④ 내용 : 모발손질법, 메이크업, 교양, 피부손질법 등

⑤ 증정 : 사은품 증정

4) 고객을 위한 관광

우수고객 또는 최우수고객에게 국내 및 해외여행의 기회를 부여하거나 금액으로 가장 높거나 방문횟수가 많은 손님, 구전으로 홍보를 많이 한 고객을 대상으로 할 수도 있고 최고의 헤어스타일상 우리 미용실에서 머리를 시술받고 있으며 가장 잘 어울리는 고객을 대상으로 한다. 이외에도 다른 방법도 찾아볼 수 있을 것이다.

5) 고객 문화전시회

고객 중 서예가, 화가(동양화가, 서양화가), 조각가, 공예가 등이 작품을 출품할 수 있도록 협의하여 전시기간과 장소를 정한 뒤 고객과 주민들을 초청하는 방법이다.

6) 고객 영화 관람 또는 시사회

새로운 작품 또는 우수작품을 선정하여 그 영화를 상영하고 있는 극장과 협조관계를 유지한 뒤 티켓을 발행하여 퍼머, 염색고객에게 증정하여 관람할 수 있도록 하는 것이다.

7) 어린이 고객 모시기

5월은 가정의 달이다. 특히 5월 5일 어린이날과 5월 8일 어버이날을 중시할 것

기간 : 어린이날을 중심으로 하여 5/4~5/6까지 커트를 하러온 어린이 고객에게는 사은품 증정

사은품 : 장난감, 동물인형, 붕붕카, 막대형풍선, 레고블록, 레고조립완구, 아이스크림, 농구공, 학용품세트, 지우개, 놀이공원 입장권 등.

위 고객을 위한 발상전환은 사전준비와 계획이 철저히 마련되어야 하며 이 행사를 주관하는 미용실의 직원들은 이 행사의 의도와 목적을 정확히 숙지 또는 이해하고 있어야 한다.

이러한 행사들을 하기 위해서는 무엇보다도 고객의 호응도이다. 사전에 충분한 기간을 두고 홍보하여 고객들이 이 날짜를 호기심을 갖고 기다리게 하면 미용실에 대한 인식이 확실히 바뀌면서 새로운 이미지가 부각될 수 있다.

8) 도서상품권 발행

커트 10회시, 염색 5회, 퍼머 5회째는 도서상품권 각각 1만원권 증정한다.

기술, 정성, 서비스를 무료라는 개념으로 심지 않아야지 오래 유지할 수 있고 고객과의 신뢰 또한 돈독히 형성될 수 있을 것이다. 무료라고 하였을 때 왠지 무성의, 대충 등 어딘지 의심쩍은 선입관이 있기 때문이다.

제8절 원 플러스 서비스 (one plus service) 경영

미용실에서 주종목외에 고객에게 서비스 차원에서 해줄 수 있는 몇 가지를 살펴보자.

1) 두피 마사지

샴푸→타올 드라이→크림타입 스켈링제를 두피에 바른다→두피마사지(혈행을 좋게하고 두피 긴장완화 효과를 줄 수 있다)--토닉도포, 강한터치 또는 자극적인 터치보다는 가볍게 손가락 지문을 이용하여 두피의 가죽을 움직여 주면 긴장된 두피가 부드럽게 되면서 스트레스도 해소된다→10분 정도 작용 시간을 둔 다음→헹굼

2) 따뜻한 타올(hot towel) 지압법(퍼머, 염색 고객)

따뜻한 타올을 사용하여 목덜미 부분과 귀 뒷부분을 깨끗하게 닦아 준다→타올을 목덜미 부분에 대고 고개를 약간 숙이게 한 다음 2~3cm 간격으로 등분하여 목덜미 지압을(엄지와 중지를 이용)한다. (3~4회 반복)→끝난후 타올을 반대로 접어서 고객에게 주면 고객은 손을 깨끗이 닦게 된다.

이것은 퍼머나 염색후 귀 뒷부분이나 목덜미부분이 개운치 않은 느낌을 깨끗하게 하며 손바닥의 청결감을 더해준다. 1~2시간의 피로를 풀어주기 위해 마사지를 하는 것이다.

3) 손, 팔, 발 마사지

미용실에서 장시간 시술을 할 때에는 지루함을 해소하고 시원함과 부드러움을 더해주기 위해서 손이나 팔 그리고 발 마사지를 해준다.

4) 기타

① 기존 고객이 신규고객을 동반할 시 할인 또는 상품증정을 한다.

② 점심시간(12시-1시)에는 미용실내 전 고객에게 우유, 빵 또는 국수를 접대한다.

③ 유아를 동반한 고객을 위해서 유아교사(아르바이트)를 상주시키고 놀이방을 설치하여 놀이방에 약 2시간 정도 맡아준다거나 장난감을 비치시키는 등의 방법이 있을 것이다.

④ 퍼머, 염색 고객이 시술 후 1주일내 재 방문시 트리트먼트 무료 시술

⑤ 훼미리 카드 소지시 할인

⑥ 시술 전 모습과 시술 후 모습을 휴대폰으로 촬영하여 고객에게 즉석에서 전송한다.

제9절 경영진단을 통한 미용실경영

경영진단은 누구에게 의뢰하는 것이 아니라 자체적으로 또는 스스로 수시 점검하여 문제점을 제거하는 것이 좋다.

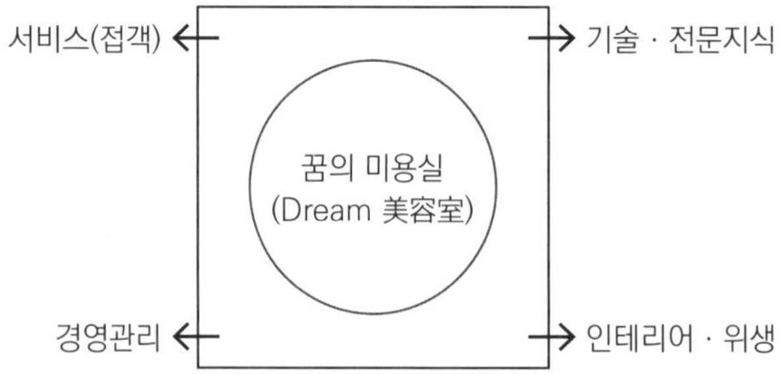

위 그림처럼 몇 가지 기준을 정하여 아래 미용실 경영진단표에 체크한 후 모서리와 각이 진 부분을 둥글게 만들 수 있도록 한다.

표 3-1. 미용실 경영진단표

진단 항목	세부진단항목	해 설	진단점수 (각 항목별 5점)
기술	기초기술	미용기초기술훈련정도	
	숙련도	미용기술훈련성숙정도	
	창의력	작품창작성	
	유행감각	헤어스타일변화감각	
	과학성	정확성, 자연과학적인가	
서비스	자세 · 태도	표정, 언행, 복장단정	
	고감도	친절한 서비스를 마음으로 정성을 다하는가	
	속도감	빠르면서 제때 이루어지는가	
전문지식	모발손질법	가정에서의 머리손질법	
	미용이론	고객의 문제점을 상담하는 능력	
	정보	미용에 관한 과학적인 정보지식	
관리	인사관리	제도, 복지, 분위기 등	
	영업관리	영업상 필요한 관리, 매출	
	고객관리	체계적인 고객관리	
	재고관리	미용화장품 및 비품	
	광고 · 홍보 · 판촉관리	체계적인 광, 홍, 판촉관리	
	분위기관리	음향, 실내장식	
위생 인테리어	청결	직원복장, 소도구, 기계기구, 화장실, 작업장, 입구가 청결한가	
	인테리어	기능적인 부분과 고객의 편리, 안락함으로 되어 있는가	
	소독장	가위, 빗, 클리퍼, 브러쉬 등을 소독한 후 사용하는가	

미용실 경영 진단은

- 직원이 진단하였을 때
- 동업종 원장에게 의뢰할 경우
- 고객이 진단하였을 때
- 외부 방문자가 하였을 때(협력회사 직원)
- 전문 진단기관에 의뢰하였을 경우 등

다양한 방법으로 평가하는 것이 좋다.

제10절 손익계산서에 의한 미용실 경영

표 3-2. 월손익계산서

No	종목(계정과목)	소종목	정 산	비 고
1	임차료 (평)	권리금		
		보증금		
		월세		
2	인테리어	시설		
3	기자재	경대(set 다이)		
		의자(set 의자)		
		샴푸도기		
		샴푸의자		
		소모품비		
		기구		
4	재료비	메이커		
		재료상		
5	교육비	교육 및 연구비		
6	광고 판촉비	광고, 판촉, 홍보		
7		원장		
		디자이너		
		인턴		
		주니어		
		실장, 매니저		
		인부(중식, 청소)		
8	일반 관리비	전기, 수도, 가스		
		음료(고객, 직원)		
		중식비, 회식비		
		도서구입비		
		전화		
		경조비, 여비		
		수선비, 소모품비		
		기타		
9	재투자비	인테리어, 가구		
10	세금	세금		
합 계				
			월평균 매출액	
			비고합계-월평균 매출 =	

1) 손익계산서 각 항목 해설과 정산법

정산란과 비고란을 검토한다. 이 표는 월 손익계산서표이다.
이자 정산 기준은 사채 기준으로 함.

(1) 임차료

① 평형은 임대 평형을 기준으로 한다.
② 권리금, 보증금, 월세 등은 각각 기재하되 지급되지 않은 것은 기재하지 않는다.
③ 건물이 본인소유일 경우 즉, 매입하였을 때는 매입시 전체 금액만 기재하면 된다.
④ 권리금 + 보증금 × 0.02 = [ ]
위 [ ] + 월세 = [비고]

(2) 인테리어

① 인테리어 시설시 평당의 금액으로 전체 금액을 말한다.
② 전체금액(인테리어)×0.02 = [비고]

(3) 기자재

① 경대는 인테리어시 포함될 수도 있고 그렇지 않을 수도 있다. 별도로 경대를 구입하였을 시에는 기재한다.
② 의자, 샴푸도기, 샴푸의자, 기구비는 각각 기재한다.
③ 소모품비는 드라이기, 드라이롤, 롯드 등을 말한다.
④ 기자재부문의 각각 기재한 것을 더한 금액×0.02 = [비고]

(4) 재료비

① 메이커와의 거래처가 2군데라고 가정할 경우 각각의 월 평균치를 더한 금액을 정산란에 기재하면 된다.

② 미용재료상과의 거래처가 2군데라고 가정할 경우 거래처별로 월 평균치를 더한 금액을 정산란에 기재한다.

③ 메이커의 정산란과 미용재료상의 정산란을 더하여 [비고]에 기재한다.

(5) 교육비

① 교육 연구비는 매월 원장이나 직원들의 교육비를 말하고(특강, 세미나, 초청교육, 위탁교육, 연수교육비 등) 연구비(어떠한 작품 연구시 가발이나 재료, 자료구입비 등)를 말한다.

② 이 두가지를 더하여 정산란에 기재하고 이 금액을 또 다시 [비고]란에 기재하면 된다.

(6) 광고, 판촉비

① 광고비나 판촉비는 매월 일정금액이 지불될 수도 있으나 연간 2회~3회 많은 금액을 지불하는 것으로 나타난다.

② 연간 투자금액을 정산하여 정산금액÷12= [비고] 하면 월 평균 금액이 나온다.

③ 예를들면 3월 판촉비 200만원 9월 광고, 판촉비 250만원 하면 연간 450만원의 광고, 홍보, 판촉비가 연간 비용이 되고 12개월로 나누면 월 평균치가 나온다.

(7) 직급 및 직책별 급여

① 원장은 000만원

② 디자이너, 주니어, 보조 등은 각각 전체금액을 말한다.

③ 도우미는 청소를 해준다거나 중식을 도와주고 롯드를 세척해 주는 분을 말한다.

④ 원장부터 도우미까지의 정산 금액을 더하여 [비고]를 기재한다.

(8) 일반관리비

① 도서 구입비는 신문, 잡지(월간지, 주간지) 등의 구독료 및 구입비를 말한다.

② 경조비, 여비 : 축의금, 부의금, 교통비 등의 금액

③ 수선비, 소모품비 : 기자재 수리비, 롯드나 고무줄, 브로우 드라이 구입비 등

④ 기타 : 일반 관리비란 외에 지급되는 금액은 기타란에 기재하면 된다.

⑤ 일반관리비 정산란을 모두 더하여 [비고]란에 기재한다.

참고 ⓐ 0.02는 금리 2부 이자이다.

ⓑ [비고]는 비고란의 수치를 말한다.

ⓒ 정산금액÷12는 12개월(1년)으로 나눈다.

(9) 재투자비

① 인테리어, 가구 등은 수명을 5년으로 보았을 때 5년 후 재투자를 하여야 한다.

② 예를 들면 인테리어 + 기자재 ÷ 60(5년) 하면 정산란과 [비고]가 나온다.

③ 여기에서의 60은 수명 5년일 경우 60개월로 보는 것이다.

(10) 세금

분기별, 반기별로 납부한 금액을 3개월 또는 6개월로 나누면 정산금액과 [비고]가 나온다.

여기까지가 손익 계산서의 1차 작업이고 2차적으로는 어느 부문에서 문제점이 있는가 발견하는 것이다.

① 비고란을 모두 더하여 비고의 합계란을 기재한다.

② 비고의 합계 아래에 월 평균매출을 기재한다.

③ 비고합계 - 월평균 매출을 하면 순이익이 있는지, 있다면 얼마인지와 마이너스(-) 즉, 적자이면 얼마가 적자인지를 알 수 있다.

좀더 구체적으로 살펴보면

임차료의 비고 ÷ 월 평균매출 ~%를 누르면(전자계산기) 소수점 00.00%로 나온다. 이와같이 1번 임차료부터 10번 세금까지를 계산해 보면 부문별로 %가 나올 것이다.

이 %를 success 와 비교하여 (+)나 (-)가될 경우 조정 작업이 즉시 이루어질 때 나의 영업은 정상화 될 수 있다.

성공(SUCCESS) 미용실

① 임차료, 인테리어, 기자재 부문의 투자에 대한 감가상각비가 = 20~25%

② 재료비(점판제품 비용은 포함하면 안 됨) = 10%

③ 교육비, 광고판촉비(표5, 6번)를 더하여 = 3~5%

④ 직급 및 직책별 급여(원장급여도 반드시 포함해야 함) = 40-45%

⑤ 일반관리비 = 10%

⑥ 재투자비, 세금 = 3~5%

이와 같이 경영을 하여 손익계산을 하면 약 10% 정도의 순이익이 발생된다. 물론 부문별로 조정작업을 잘한 미용실은 지금 약 30% 이상의 순이익이 발생되는 업소도 있다.

POINT

① 지금까지의 손익계산에서 잘못되어 온 것은 감가상각비와 원장의 급여를 계산하지 않았기 때문에 많은 이익이 발생되는 것처럼 느껴졌다고 하는 것이다.

② 이와 같은 방법으로 경영에 관심이 있는 미용실 75곳을 손익 계산해 보았으나 순이익이 발생되는 업소가 25%에 불과하고 75%의 미용실이 마이너스(-)였다.

③ (-)가 더 많다면 지금까지 원장들의 경영방식은 무엇인가 잘못된 경영이었다고 말할 수 있다.즉 미용실 운영을 지속하고 있는 것은 원장월급과 투자금에 대한 이자로 운영이 지속되고 있었다는 결론이다.

④ 과잉 투자는 월평균 매출에서 감가상각비(이자) 부문의 비율이 많아 문제점이 지적되고 인력의 효율성을 거두지 못하면 인건비 부문이 상승하여 마이너스(-) 경영을 면할 길이 없는 것을 볼 수 있었다.

그러나 "손익계산을 정산하고 보니 답답하고 어렵다. 차라리 이러한 것을 해보지 않았다면 모르기 때문에 그냥 마음이라도 편할 텐데" 하는 안일한 사고는 절대적으로 실패를 가져올 뿐이다. 경영에 문제점이 있다면 과감히 처리할 수 있는 결단과 지혜롭게 해나갈 수 있는 방법을 찾는 것이 경영자의 할 일이며, 현명하다고 할 수 있을 것이다.

앞에서 살펴본(-)업소는 투자금액과 임금부문에서 문제점이 지적되었고 대부분의 인력난과 급여 부문은 문제점으로 맞물려 있다. 우리 미용업계에도 저효율 · 고비용의 문제를 낳고 있는 것이다.

제11절 미용실 신규, 분점, 확장 오픈(open) 계획서

어떤 일을 행하기 전에 계획이 확실하고 구체화되어 있어야만 실행을 할 수 있고 또한 성공할 수 있다. 그러나 우리는 지금까지 마음속으로 수없이 그림을 그리고 있으나 문서화하여 계획하지 못한 것들이 참 많으며, 그 중에 하나가 오픈(open) 계획서이다. 이 계획서는 실평수 15~20평형의 계획서이나 소형, 대형업소의 계획서에도 활용이 가능하다.

1) 1단계—계획서 작성

① 실현 가능하고 수익성이 있는가.

② 실행계획서가 구체화되어 있는가.

③ 전문가에게 의뢰하여 검토하였는가.

2) 2단계—자금확보

① 자기자본비율이 70% 이상인가(물론 100% 이상이 좋다)

② 사채, 금융권 융자는 금리를 충분히 고려한 상태에서 희망하는 일자에 대출이 가능하는가 검토한다.

③ 협력업체(인테리어,기자재,미용재료 등)들의 지원은 가능한가.

3) 3단계—건물임대 또는 구입

① 지역, 건물위치, 상권형성(주택가, 시장, 학교, 상가, 사무실, 유흥가, 유동고객) 등을 파악한다.

② 주위 미용실수 및 동향 파악, 경쟁업소가 될 수 있는 미용실을 연구, 분석, 조사한다.

③ 등기소에서 등기부등본(토지 주인명, 건물주인명, 담보제공 유무, 주소)을 확인한다. 이러한 사항에 대해서 계약자와 원소유주와의 사실 유무를 확인한 후 계약한다.

④ 출입문, 계단, 간판, 등의 활용 범위 또는 부착 가능여부(건물주와 협의)

⑤ 선입주자가 만기일 확인 후 비워줄 수 있는지 여부

⑥ 관리비, 냉난방시설 확인

4) 4단계—인테리어 도면검토 및 공사일정 결정

① 기능성, 실용성, 고객의 편리함, 안락함 등 체크

② A/S 수시 가능 여부, 기간

③ 제작할 것과 하지 않을 것 구분하여 체크

④ 어떠한 재료를 사용할 것인가 샘플(sample) 확인

5) 5단계—구입 및 제작

① 기계, 기구, 전자제품, 가구, 소모품 구입 및 제작의뢰

② A/S 가능 유무

③ 크기, 칼라, 디자인, 가격대는 맞는가.

④ 실용성은 있는가

6) 6단계—인쇄물 제작

① 광고, 홍보, 판촉물 제작검토 및 업체선정(미용분야=전문업체 선정)

② 현수막(플랜카드)은 건물을 임대, 구입후 제작하여 알린다.

③ 홍보 판촉물은 오픈 5일전부터 아르바이트 직원들을 구성하여 주위 홍보를 한다.

④ 지역이나 업소의 특성 등을 고려하여 인쇄물 판촉물을 제작한다.

7) 7단계—직원채용과 교육

① 다양한 루트를 활용한다(미용학원, 미용대학, 미용고등기술학교, 복지관, 미용재료상 등)

② 효율성을 기할 수 있는 인력을 확보하여 구성한다.

③ open 전 2~3일간 교육과 준비의 시간을 갖는다.

④ 오픈전 교육은 접객, 인성, 모발과학, 미용실 운영방침 등을 실시한다.

※ 인사관리와 원내교육부문 자료 참조

8) 8단계—오픈(open)

① 오픈전 종합점검

② 사전안내문, 초청장발송

③ 화환이나 화분은 관리 소홀로 인해 무성의나 지저분함을 더할 수 있으므로 유의한다.

④ 오픈식에서 식순은 원장 및 직원 소개, 원장의 인사말씀, 외부인사 축사 등으로 하고 소요시간은 약 15분 내외로 하는 것이 좋다.

⑤ 미용실내 뷔페식 또는 간단히 준비된 다과, 음식, 음료로 한다.

9) 오픈(open) 진행 일정표

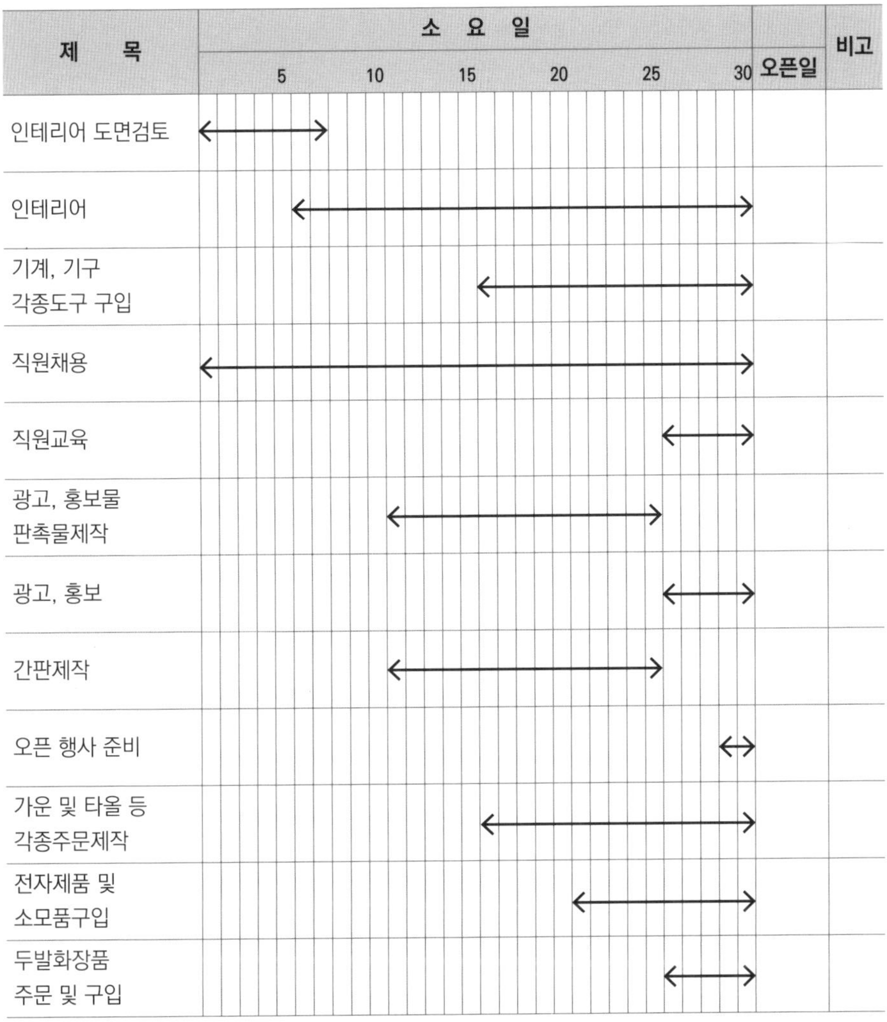

※ 위 표의 소요일은 조정(단축되거나 늘어짐)될 수 있다.

10) 각 실별 점검표

부문별 시설 및 설치 체크사항

① 입구 : 자동문, 여닫이문, 미닫이문-공간이나 건물형태에 따라 조정

② 입구창가 : 전체 통유리, 부분 통유리(완전노출 또는 반노출 형태를 위치나 상황에 따라 한다.)

③ 외부 : 간판(크기나 칼라, 글씨체, 부착위치 확인)-이것은 미용실의 얼굴이다.

④ 바닥공사 : 모노륨, 발포, 대리석 등

㉠ 미끄럼 나타나지 않도록

㉡ 물이나 펌제 등이 스며들어 들뜸 상태 체크

㉢ 보조대(츄레이) 바퀴가 구를때 소음발생여부

⑤ 벽(실내)공사시

㉠ 조명 설치

㉡ 이미지 관리를 위한 디스플레이 공간확보(각종패, 위촉장, 수료증 등)

㉢ 점판 제품 진열 공간 확보

㉣ 전기, 전화코드 확인

㉤ 스피커부착, TV설치, 각종 기자재 설치 등

⑥ 천정

㉠ 천정높이 조절

㉡ 조명설치

자연광 종류 설치(고객의 모습이 아름답게 보이거나 작업상 도움)

너무 밝거나(눈부시다), 어둡지 않도록(작업상 장애요인)

열이 많거나, 전구 교체가 잦거나 관리비용이 많이 드는 조명은 피할 것

⑦ 샴푸실, 다용도실 : 온수기 설치, 배수시설, 수도시설 상태, 샤워기 수압조절(약할 경우 모터설치)

각종 종류별 구입 체크 목록

※ ① 디자이너들의 개인 소도구(가위종류, 빗 종류, 드라이기, 클립퍼 등)은 항상 각자 구비하고 있다.

② 위 구입 목록에 없는 사항은 인테리어 회사와 계약시 사전협의 의뢰하여 제작한다. 또한 구입 목록에 있는 것도 제작의뢰 가능한 것은 의뢰한다.

③ 업무관리에 필요한 것들은 제외하였다.

제12절 고객관리 서비스란?

관리부문에서 무엇보다도 고객관리 부문의 중요성은 강조하지 않아도 될 것 같다. 왜냐하면 미용실의 성패는 고객에게 있기 때문이다. 여러 가지 고객관리 방법을 적용하고 있는데 그중 고객관리의 방법 분류, 활용범위 등을 살펴보기로 하자.

1) 고객관리 방법

① 신뢰속에서 인간관계를 유지하는 관리

② 고객카드를 작성하여 관리하는 방법

③ 컴퓨터 프로그램을 활용하는 법

④ 각종 카드관리 시스템(보너스, 포인트 등)

2) 고객관리의 분류

① 매출관리 : 일, 월, 연간별 수입과 지출현황

② 기술 종목별 인원수

③ 고객 직업별 구분

④ 성별 분류

⑤ 연령별 분류

⑥ 직원별 매출 파악

⑦ 내방 고객수 파악-일, 월, 연간

⑧ 고정고객과 신규고객의 현황 파악(연간별 비율파악)

⑨ 고객별 연간 매출액 관리

⑩ 사용제품(두발 화장품 및 소모품) 재고파악

3) 고객관리 방법과 현황파악 활용범위

고객관리 방법이나 현황파악은 각 미용실의 원장 마인드, 규모, 지역, 위치에 따라 차이점은 있으나 고객에게 만족을 줄수 있고 경영상 반드시 고객관리를 해야 한다고 생각한다.

① 경영상 실패 파악을 하여 효율성을 높일 수 있다.

② 광고, 판촉, 홍보 및 각종 관리상의 방법이나 방향을 명확히 할 수 있다.

③ 고객관리와 서비스를 원활히 할 수 있다.

D.M(direct mail), 문자 발송이나 고객별 연간 매출액을 구분하여 매출 단위가 높은 고객을 초청하여 사은품을 증정한다든지, 고객을 위한 초청 세미나를 할 때 활용하면 효과적이다.

전화, 문자, 안내문, 예를 들면 고객생일, 결혼기념일, 졸업식 등의 축하카드나 전보, 축전이 있고 크리스마스나 신년에 카드발송, 사은품 증정, 특별 서비스 기간, 고객초청세미나, 이벤트 등의 안내문, 병원입원시 또는 병석에 있을 때 위로 편지나 문병이 있다. 사전에 정보를 얻을 수만 있다면 문병의 효과는 상당히 크다.

4) 고객관리를 위한 좋은 서비스란?

① 비포 서비스(before service) : 고객이 미용실을 방문하기 전에(1주일 전) 시술받을 때가 되었다는 것을 미리 알려 주는 것이다. 방문 일자, 시간을 안내해 주면 더욱 효과적이다.

※ 고객이 이번에는 다른 미용실에 가서 퍼머, 커트를 해야겠다거나, 시술시일을 늦춰서 해야겠다고 생각하다가 사전 서비스 안내문을 받고 방문을 하게 된다. 이것은 곧 고정고객의 이탈이나 방문 싸이클을 단축시킬 수 있는 방법이다.

② 인 서비스(in service) : 고정 고객이나 신규고객이 미용실을 방문하였을 시 고객이 희망하는 주 종목시술과 두피나 헤어 마사지, 핸드 마사지, 발마사지 등의 서비스를 최선을 다해서 만족을 제공하는 것이다.

③ 애프터 서비스(after service) : 고객이 시술을 받은 다음 3~4일 후에 확인하는 전화나 문자 발송한다. 일명 이것을 해피 콜 서비스(happy call service)라고도 한다.

예) 지난번 저희업소에 방문하셔서 퍼머 시술을 받으셨지요?

ⓐ 안녕하십니까? 저는 ○○미용실의 ○○○입니다.

ⓑ ○○○씨 또는 ○○○님 반갑습니다.

ⓒ 지난번 저희 업소에 방문하셔서 퍼머 시술을 받으셨지요?

ⓓ 만족하셨습니까?

ⓔ 예(만족) : ㉠ ㉡ ㉢

아니오(불만족) : ㉠ ㉡ ㉢

이때 논쟁이나 언쟁 불만사항이 있었던 고객이나 있는 고객에게는 사과(실수인정)를 하고 최선을 다 하겠노라고 자신의 다짐을 확인하여야 한다. 말씀을 잘 하지 않는 고객에게는 기술, 서비스, 분위기 등을 물어볼 수도 있다.

ⓕ 다음에 만날 때까지 "건강하십시오. 감사합니다."라고 마무리한다.

※ 될 수 있는 한 짧은 확인 전화가 좋다.

제13절 인사관리

인사관리 부문에 대해서는 근로기준법에 준해서 만드는 것이 원칙이다. 그러나 미용실 특성상 모든 것을 법 규정으로 정해서 운영하기에는 많은 부담을 느낄 수밖에 없어 다음 내용을 참고 바란다. 누군가가 인사는 만사라고 하였을 만큼 참으로 어려운 난제가 아닐 수 없다. 그 어떠한 것보다도 사람이 사람을 관리한다는 것은 한계점에 도달할 때가 있을 것이다. 그러나 여기에서 몇 가지 합리점을 찾아 현실에 접근하고자 한다.

1) 채용

(1) 인력채용 루트(root)를 다방향화 하라.

① 미용재료 상사

② 두발화장품 회사

③ 가까운 곳에 위치한 미용직업학교와 미용학원

④ 미용고등기술학교와 일반계 고등학교 미용과

⑤ 미용대학 미용과

⑥ 지역에 있는 복지관 등

※ 위 명시한 기관들은 모두 미용원 운영의 협력자들이라는 사실을 알아야 한다.

(2) 인사기록 카드를 작성한다.

(A 면)

인사기록카드

직원번호 :

<table>
<tr><td colspan="2" rowspan="5">사 진
(3×4cm)</td><td rowspan="3">성
명</td><td>(한글)</td><td>성 별</td><td>男 女</td></tr>
<tr><td>(한자)</td><td>주민등록번호</td><td></td></tr>
<tr><td>(영문)</td><td>생년월일</td><td></td></tr>
<tr><td>본 적</td><td colspan="3"></td></tr>
<tr><td>현주소</td><td colspan="3"></td></tr>
<tr><td rowspan="5">전
근
무
처</td><td colspan="2">부터 까지</td><td>근무처</td><td>연 락 처</td><td></td></tr>
<tr><td colspan="2">~</td><td></td><td>가족관계</td><td></td></tr>
<tr><td colspan="2">~</td><td></td><td>출신학교</td><td></td></tr>
<tr><td colspan="2">~</td><td></td><td>취미특기</td><td></td></tr>
<tr><td colspan="2">~</td><td></td><td>종 교</td><td></td></tr>
<tr><td colspan="3">자격증 취득년도</td><td></td><td>신체상태</td><td></td></tr>
<tr><td colspan="3">희망급여</td><td></td><td>병역관계</td><td></td></tr>
<tr><td colspan="3">책정급여</td><td></td><td>면접일자</td><td></td></tr>
<tr><td colspan="3">면접자명</td><td></td><td>취업일자</td><td></td></tr>
<tr><td colspan="2">성 격</td><td colspan="4"></td></tr>
<tr><td colspan="2">대인관계</td><td colspan="4"></td></tr>
<tr><td colspan="2">기 타</td><td colspan="4"></td></tr>
<tr><td colspan="2">면접자 소견</td><td colspan="4"></td></tr>
</table>

B면은 분기별(3개월 1회), 반기별(6개월 1회), 연간(1년 1회)로 개인 면담 기록을 한다. 근무하면서 느낀 직원의 의견을 듣고 그동안의 원장 또는 관리자가 보고 듣고 느낀 소견을 기록한다.

(A 면)

면담란

차수	면담일자 및 면담자명	직원 의견	면접자 의견
1차			
2차			
3차			
4차			
5차			

2) 면접

(1) 일반회사처럼 미용사 자격증 사본, 성적증명서, 이력서, 자기소개서를 제출하라고 하면 90% 이상 입사를 포기한다. 그러므로 위 인사기록 카드를 참고로 하여 상세하고 친밀감 있게 대화하도록 기록하는 것이 좋을 것 같다.

(2) 민감한 사항보다는 정감 있는 것부터 질문하고 면접자에게 거짓말하지 않고 진실만을 말할 수 있도록 하라. 이름, 가족관계, 취미, 특기, 대인관계, 성격, 사는 곳 등을 먼저 문답하고 경력, 나이, 전근무지, 희망급여 등은 2차적으로 질문하는 것이 좋다.

예) ① 질문) 몇 년 됐어요?

답) 7년이오.

답하는자가 2015년 11월에 미용을 시작하여 2021년 1월이 되었다.

면접 시험자는 년 수만 계산하여 7년차라고 한다. 이것은 명확하지 못하다. 다음과 같이 질문해야 한다.

질문) 언제부터 시작하셨습니까?

답) 2015년 11월부터 시작하였습니다(5년 3개월이 된다.)

② 질문) 나이가 몇살이라고 했죠?

답) 스물여섯이오.

↓

질문) 생년월일은 언제입니까?

답) 89년 9월 25일생입니다.

③ 집은 어디죠? →사시는 곳은 어디입니까? 등

(3) 기술 test보다는 그 사람의 습관과 순종의 상태를 체크(check)하라.

왜냐하면 윗사람(원장)의 말에 순종할 줄 알고 본인의 습관이 잘 되어 있다면 안 될 일이 없기 때문이다.

D 미용실에서는 미용사 2명을 채용하게 되었다. 이 미용실은 5명이 근무하는데 디자이너 2명이 부득이한 이유로 사직하게 되었다. 이유는 한명은 외국 이민길에 올랐고 다른 한명은 남편이 지방으로 인사이동 발령을 받은 상태여서 준비 중이었다.

D 미용실원장은 새로 채용된 다지이너들을 면접보고 출근일자와 시간을 가르쳐준 뒤 출근하게 하였다. D미용실은 출근시간이 오전 9시 30분이었다. 두 명은 출근하게 되었고 원장과 인사도 나누었다. 그런데 왠 일인가 원장은 업무를 주지 않고 자신의 일만하고 있는 것이었다. 오전 11시 30분 그 중 하나가 원장에게 다가가서 오늘부터 일하는 것으로 알고 출근 하였는데요 라고 하자 미안하다고 전한 뒤 잠시만 기다리라고 하고는 예약손님의 모발시술을 계속하는 것이었다. 12시쯤 시술이 끝나고 점심이나 같이 하자고 하여 밖으로 식사를 하러 식당에 도착하자 원장은 첫 출근한 선생님들에게 오늘은 미용실의 분위기도 보고 어떤 고객들이 오시는가, 동료들의 일하는 모습 등을 보고 느끼는 것이 좋을 것 같다고 그러나 오늘부터

정상 근무하는 걸로 한다는 것이었다. 이 얘기는 상당히 중요한 것이다. 급여 계산 일자가 달라지기 때문이다. 오후에도 앉아서 동료들의 일하는 모습을 보면서 느낌도 있고 지루하기도……. 퇴근 시간쯤에야 원장이 다시 부르는데 원장의 손에는 빗자루 2개를 들고 하시는 말씀이 두 분께서 마무리를 해주시면 고맙겠다고. 그러자 두 사람은 갈등이 생기는 것이었다. 다른 동료들이 보는데서 바닥을 쓸어 달라는 요청을 뿌리칠 수도 없고 쓸자니 내일부터 선생님 선생님 소리를 들을 텐데 첫날 첫 일이 바닥 쓰는 것이라니……. 빗자루를 받을까말까 망설이다 두 사람은 빗자루를 받았고(순종) 열심히 쓸었다. 그런데 한사람은 모든 것을 쓸어 담았고, 다른 한사람은 머리핀, 고무줄, 흡수지 등을 주워 모은 다음 쓸었다(평소습관). 주워모은 것을 샴푸실로 가져가 깨끗하게 헹군 다음 타올을 펼치고 건조시킨 다음 원장 곁으로 다가왔다. 원장은 "수고 하셨습니다"라고 답례한 뒤 곰곰히 생각에 잠겼다. '똑같은 미용사인데 같은 일을 하면서 저렇게 다를 수가 있을까' 그다음 원장은 후자의 미용사에게 호감을 갖고 인격적으로 대하기 시작하였다는 것이다. 지금 그 미용사는 5년째 그 미용실에 근무중이다. 얼마전 제가 D 미용실에 방문하여 그 디자이너에게 "일도 좋지만 이제는 결혼도 하셔야죠" 했더니 아직 생각해본 적이 없다고 하기에 "하기야 아직 나이 40도 안됐으니까요" 하면서 웃은일이 있었다. 나는 원장님 곁으로 다가가서 P선생 출가 시키려면 부담 되시겠네요 하자 전혀 걱정 없다는 것이었다. 이미 몇 년 전 부터 P선생 앞으로 (본인도 모름) 적금을 넣고 있으니까 결혼 날짜만 잡히면 그날 통장을 줄 거라는 얘기를 듣고 원장과 미용사와의 관계가 참으로 아름다워 감동받은 적이 있다.

사람 관리하는데 탈도 많고 일도 많은 다른 미용실과는 대조적이었기 때문이다.

3) 규정집

직원들의 인사관리에 적용할 기본원칙과 운영사항을 정함으로서 인사관리 적정을 기하고 복무기준을 규정함으로서 미용실의 질서를 유지하고 근면한 미용실 분위기를 확립하여 효율적으로 업무를 수행하게하기 위한 것이다.

국가는 국가가 유지되기 위한 헌법이 있고 회사는 사규가 있듯이 미용실도 미용실의 규정이 있으므로 업무가 원활하게 될 것이다.

4) 급여

지급하는 제도와 방법 그리고 지급액을 현실화시켜야 한다.

(1) 지급제도

① 월급제도

② 기본급(월급)+수당(%) 제도

③ 수당(%) 제도(=능률급)

④ 주급제도(유럽, 미국) ~ 일주일마다 지급

⑤ 분양제도(보증금, 전세, 월세) ~ 미용실내에 경대의자와 다이를 분양하는 제도이다.

(2) 지급방법~구체화하여 욕구충족 시키고 풍요롭게 하라.

① 기본급

② 상여금(보너스)

③ 퇴직금

예) A : 직급별로 차등을 두어 적립하는 방법이다.
디자이너(10만원), 인턴(7만원), 주니어(5만원)으로 정하여 매월 적립하는 방법으로 통장, 도장, 비밀번호 등은 원장이 소지함(단, 위 적립된 퇴직금은 본 미용실에 입사한 후 1년이상 된 자

에 한하여 지급된다는 단서조항을 명시한다)

B : 보험에 가입하여 매월 보험금을 지급하는 방법도 있다.

④ 직무수당-책임감을 부여하기 위해 직급별로 지급하는 방법

⑤ 시간외수당-퇴근시간보다 늦어질 경우 그때그때 차비하라며 주는 경우가 있는데 이것을 매월 정산하여 월급+α로 지급하는 방법이다. 이 제도는 직원들이 늦게 끝나는 미용실을 꺼리기 때문에 하나의 방법으로 제안하는 것이다. 이외에 시술 종목에 따라 차등 지급할 수도 있다.

⑥ 월차수당-매월 근무일수 만근일 경우에만 가능하다(1일 휴무하는 방법과 1일 수당지급하는 방법으로 구분할 수 있다).

(3) 수당(능률급)지급액 ~ 미용실에 따라 약간의 차이는 있으나 거의 비슷하다. (단, 능률급(%)제도일 경우는 차이가 있다)

예) 능률급 지급율이 적게는 매출의 00%로 한다.

5) 승급제도

미용실에서의 승급제도란 승급에 따라 등급(grade)이 오르고 떨어지는 것이 아니라 이러한 제도에 적응력을 키우고 참여의식을 고취시키는데 그 목적을 두어야 할 것이다. 승급 대상자들은 승급 테스트(test)일자가 발표되기 전부터 준비자세가 필요하며 승급 test과목과 기준을 명확히 알고 튼튼히 트레이닝(training)하여 소신껏 응해야 할 것 같다.

(1) 직책과 직급

현실적으로 미용실내에서 부르는 호칭, 호명은 각양각색이다. 앞으로는 미용인들의 직책과 직급(단계)의 개념을 정리하였으면 한다.

직 책		직 급
원장		경영 책임자급
부원장		경영 보조자급
디자이너	수석 디자이너	최고 숙련단계
	책임 디자이너	중간 숙련단계
	디자이너	숙련단계
인턴(intern)		트레이닝단계 또는 중간단계
주니어(junior)		입문단계 또는 보조단계

(2) 승급기준(년차별 또는 능력별)

① 년차별 기준으로 할 경우는 자격증 취득 후 실 근무 기준으로 하는 것이 좋을 것 같다. 이유는 실제 현장근무를 하지 않은 상태에서 장기간 휴무나 휴직상태로 있는 사람이 의외로 많다.

예) 주니어 - 입문

인턴 - 자격증 취득후 만 1년차 이상

디자이너 - 자격증 취득 후 만 2년차 이상

② 능력별

능력별 기준은 말 그대로 미용을 시작해서 몇 년이 되었느냐가 중요한 것이 아니라 능력에 따라 예우(승급, 직책, 급여)하는 것이다.

(3) 승급 test 과목

① 단계별 test 과목

주니어 ⓐ→인턴 : ⓐ 샴푸, 트리트먼트, 와인딩, 염색, 기초 블로우드라이, 아기커트 등. 인턴 ⓑ→준디자이너 : ⓐ+ⓑ 퍼머, 학생커트, 남자커트.

준디자이너 ⓒ→디자이너 : ⓐ+ⓑ+ⓒ 디자인 퍼머, 다양한 염색, 커트, 업스타일, 메이크업, 블로우 드라이

디자이너→부원장 : ⓐ+ⓑ+ⓒ+고객 상담, 업무처리능력, 관리능력.

② **종목별 test 방법**

위 사항 중에서 준비도, 자세, 표정, 대화법, 숙련도, 순발력, 테크닉 등은 전 과목 test 방법에 적용되어야 할 것이다.

6) 시상제도

미용실 시스템의 강화나 교육화된 내용들을 자연스런 분위기속에서 효과를 보다 증대시키기 위한 제도이다.

(1) 시상종목

① **미소상**

- 본 미용실의 접객에 대하여 표준접객응대 시스템(system)을 익히고 실천에 옮기고 있는자
- 자세, 표정, 말씨, 행동, 감각, 민첩도 등을 본다.

② **발견상**

- 문제점을 발견하고 해결할 수 있는 방법과 아이디어를 구체적으로 제시하는가.
- 경영방법, 교육제도, 실내장식, 광고, 판촉, 홍보, 간판, 기술system, 접객, 문서정리, 정보인수 방법 등

③ **인기상**

- 미용실 내(직원), 외(고객)적으로 부드럽고 유머감각이 있고 인간관계가 원활하고 원만하여 항상 윤활유 같은자

④ **노력상**

- 근면, 성실하고, 노력하는 자세로 일에 임하고 자기개발에 부지런한 자.

⑤ **목표달성상**

- 능률급 제도를 시행하고 이에 따라 능률급(Rebate)만 지급하는 목표관리를 하지 않는 점이 지적된다.
- 목표를 매월 하달하여 그 목표달성에 대한 시상과 능률급 지급을 하는 것이 매출관리를 하는데 좋을 것 같다.

(2) 시상기간

① 월별

② 분기별

③ 반기별

④ 연간

※ 종목에 따라 각각 다르게 조정 가능함

(3) 시상방법

① 유급휴무, 휴가제도 방법

② 시상금제도

③ 국내, 외 연수

④ 시상상품제도

(4) 홍보방법

시상자는 POP를 작성하여 미용실내에 게재하고 다음 시상자가 결정될 때까지 계속 게재한다.

7) 부서운영제도

앞으로의 경영은 통제 속에서 명령과 지시만을 기다렸다가 움직이는 조직원으로 만들면 서로가 불행하게 된다. 미용실 경영도 자율경영을 선포하고 모든 직원들에게 임무를 수행할 수 있도록 하고 책임을 주는 것이 새로운 잠재력(시너지효과)을 발동시킬 수 있다고 생각한다. 이것은 3~4명만 있어도 언제든지 적용 가능할 뿐만 아니라 인력의 최대 효율성을 얻을 수 있다.

(1) 부서제도와 각 부서의 임무

① 교육부

- 미용실 내, 외 모든 교육 프로그램을 관장한다.
- 자체교육, 초청교육, 위탁교육 등
- 원내 교육방법 참조
- 교육에 관심이 있거나 강사의 자질이 보이는 자로 선정할 것

② 홍보부

- 광고, 홍보, 판촉 하는 방법을 연구, 검토하여 원장과 협의하고 동료들과 의논한다.
- 위 사항에 대해 여러 자료를 수집 활용한다.
- 미용실 실내장식을 할 수 있는 아이디어를 개발하여 계절별로 이를 활용 운영한다.
- POP(point of purchase)를 작성하여 새로운 소식전달, 홍보한다.
- 광고, 홍보에 관심이 있고 글씨나 그림에 소질이 있는자

③ 외교부

- 미용실내 회식, 봉사활동, 견학, 야유회 등 밖에서 이루어지는 모든 일을 관장한다.

- 사전에 장소선정, 일시, 비용, 준비물 등을 섭외 및 결정하여 업무에 차질이 없도록 한다.
- 대외적인 활동을 좋아하고 활달한자 선정

④ **관리부**

- 미용실내 모든 관리업무에 대하여 총 관장한다.
- 제품 재고관리, 고객관리, 경리업무, 청소상태, 업무관리, 영업관리, 위생관리상태, 기물파손 등을 관리한다.
- 관리 능력이 있는자(안내, 매니저급)

(2) 인력배치

① 인원이 적을 경우는 각부서당 1명씩으로 한다.

② 다수일 경우는 선생님 1명에 팀원들을 배치하면 된다.

③ 부서 인력배치는 언제든지 상황에 따라 원장이 재배치 가능 하다.

※ 각 부서 임무란에 상세히 기록하였음

(3) 책임소재

① 각 부서의 팀장이나 디자이너가 책임자이다.

② 문제점이 있을 경우 다수에게 책임추궁하지 말고 부서담당이나 팀장에게 전달하는 것이 좋다.

③ 문제점이 3회 이상 발생시 재배치한다.

제14절 미용실 규정집

규정집은 근로기준법에 맞추어 정하는 것이 원칙이다. 본내용은 미용실경영에 참고사항이고 각 미용실에 맞게 규정을 정한다.

1) 인사규정

제1장 총칙

제1조(목적) 이 규정은 직원의 인사관리에 적용할 기본원칙과 운영사항을 정함으로써 인사관리 적정을 기함을 목적으로 한다.

제2조(적용) 이 원내에 근무하는 전 직원의 인사업무처리는 특별규정을 별도 제정할 경우 외에는 본 규정에 의한다.

제3조(사령) 인사에 관한 사령은 취소하거나 이의를 제기하지 못한다.

제2장 신규채용

제4조(채용구분) 직원의 신규채용은 공개채용 및 개별채용으로 한다.

제5조(채용금지자) 다음 각호에 해당하는 자는 직원으로 채용할 수 없다.

가. 금치산자 또는 한정치산자

나. 파산자로서 복권되지 아니한 자

다. 금고이상의 형을 받고 그 집행이 종료되거나 또는 그 집행을 받지 아니하기로 확정된 후 3년이 경과하지 아니한 자

라. 법률에 의하여 공민권이 정지 또는 박탈된 자

마. 병력을 기피한 자(男)

바. 전직 중에서 불미한 소행이나 근무태만으로 인해 해직된 자

사. 사상불순, 불량한 소행의 사실이 있었거나 있는 자

아. 기타 직원으로 적당하지 않은 사유가 있는 자

제6조(채용시험) 면접시험으로 한다.

제7조(구비서류) 신규사원 채용의 필요구비서류는 다음과 같다.

가. 자필이력서 1통

나. 주민등록등본 1통

다. 사진2매(1매 미용실 자체 직원 카드, 1매 근무기간동안 조직관리)

라. 미용사 면허증 사본

마. 기타 직원이 필요한 서류

제8조(수습기간)

가. 신규 채용된 직원은 3개월간 수습기간을 둔다.

나. 경력을 인정하여 채용된 자나 특별 채용된 자는 수습기간을 두지 아니할 수 있다.

다. 수습기간에 있는 자로 수습성적이 불량하거나 자격이 적합하지 않거나 허위 사실이 확인된 경우에는 채용을 취소한다.

라. 수습기간은 근무연수에 산입된다.

제3장 승 급

제9조(승급의 정의) 직무 수행 능력과 근무 성적이 우수하여 상위 직책을 감당할 소질과 능력이 인정된 직원을 현 직급에서 상위 직급으로 승격하는 것을 말한다.

제10조(승급구분) 정기승급과 특별승급으로 한다.

제11조(승급시기 및 회수) 직원의 승급은 매년 ○월 ○일로 하고 년 ○회를 원칙으로 한다.

제12조(승급기준) 입사 후 ○년 이상 경과해야 승급대상에 포함된다.

제13조(승급제약)

가. 징계처분을 받은 자

나. 무단결근 연간 6일 이상인 자 - 결근시 당월 급여공제

다. 지각, 조퇴 연간 20일 이상인 자 - 지각, 조퇴, 당월 3회 이상 시 1일 당월 급여공제

라. 시말서를 년간 2회 이상 제출한 자

마. 근무 평가가 불량한 자

제4장 휴직 · 퇴직

제14조(휴직사유 및 기간)

가. 원장이 인정할 수 있는 사유로 휴직을 청원할 때 - 최장 1개월

나. 상병으로 1개월 이상 휴양을 요할 때 - 최장 3개월

다. 형사사건으로 구속, 기소되어 형이 확정되기까지의 기간

라. 전염성 질환으로 타인에 전염될 우려가 있을 때

제15조(휴직기간 산입) 휴직기간은 근속연수에 포함하지 않는다.

제16조(복직 및 시효) 직원의 휴직 사유가 소멸된 날로부터 1개월 이내에 본인이 희망할 경우 원장이 결정한다.

제17조(퇴직)

가. 사망시

나. 본인이 원할 때

다. 징계규정으로 면직 의결된 때

라. 채용 당시 공문서 위조로 구비서류 제출이 확인되었을 때

마. 본인의 건강이나 신체결함, 기타 사정으로 업무수행이 곤란하다고 판단되어 원장이 퇴직을 허락한 때

제5장 포 상

제18조(종류)

가. 개인포상-공로상, 모범상, 아이디어상(발견), 개근상(성실상), 으뜸상, 스피치상, 미소상, 인기상, 목표달성상

나. 단체포상 - 팀 포상

제19조(내용)

가. 포상금

나. 국, 내외 연수

다. 포상 휴가로 한다.

2) 복무규정

제1장 총　칙

제1조(목적) 이 규정은 직원이 지켜야할 복무 기준을 규정함으로써 미용실의 질서를 유지하고 근면한 분위기를 확립하여 효율적으로 업무를 수행하게 함에 있다.

제2조(직원의 정의) 직원이라 함은 인사규정에서 정한 직원을 말한다.

제2장 복무규율

제3조(복무규율) 직원은 업무수행에 있어 다음사항을 준수해야 한다.

가. 항상 명랑, 활발한 태도로 근무하고 미용실의 목적과 경영방침에 적극 협력하여야 한다.

나. 직무를 성실히 수행하고, 원규, 원칙의 규율을 엄수하여야 한다.

다. 공사 구별을 명확히 하고 인격을 상호 존중하고 예의와 우애를 가져야 한다.

라. 상사의 허락 없이 근무시간 중 미용실을 이탈해서는 아니 된다.

마. 미용실의 신용을 훼손하거나 명예를 이탈해서는 아니 된다.

바. 미용실의 기밀이나 직무상 기밀 유지에 각별히 유의한다.

사. 미용실의 시설을 애호하고 물자절약에 기여하여야 한다.

아. 미용실의 청결, 정돈 및 도난, 화재방지 등 안전관리와 보건 위생에 적극 협력해야 한다.

자. 상사의 업무적 지시에 반하는 행위를 아니하여야 한다.

제4조(손해배상) 고의 또는 중대과실로 인하여 미용실의 재산에 피해를 주었을 때 이를 즉시 변상하여야 한다.

제5조(근무시간) 직원의 실근무 시간은 1일 ○○시간을 원칙으로 하고 시업 및 종업시간을 별도로 정하여 행한다.

제6조(휴게시간) 휴게시간은 중식시간으로 한다.

제3장 출근 및 결근

제7조(출근, 퇴근)

가. 직원은 시업시간까지 출근하고 시간체크를 해야 한다.

나. 직원이 결근하고자 할 때는 사전에 결근사유, 결근예정 일자를 결근계로 제출하여 원장의 승인을 받아야 한다. 단, 불가피하여 원장의 승인을 받을 수 없을 경우에는 당일 9시까지 유선 통보하고 익 일 출근 즉시 결근계를 제출하여야 한다.

다. 상병으로 7일 이상 계속 결근할 경우 의사의 진단서를 제출하여야 한다.

제8조(지각, 조퇴) 지각, 조퇴 시에는 그 사유를 원장에게 보고하여야 한다.

제9조(지각, 조퇴처리) 지각, 조퇴가 1개월(당월) 3회일 경우 결근 1회로 간주한다.

제4장 휴일 및 휴가

제10조(휴무일) 직원의 휴무일은 다음과 같다(단, 원의 여건상 특근시 에는 이를 변경할 수 있다).

가. 매월 일요일 2일간 평일 2일간 4일로 한다.

나. 공휴일 : 신정 1일간
설 2일간
추석 2일간

다. 임시공휴일 : 미용실에서 지정한 날

제11조(여름휴가) 휴가기간은 3일간으로 한다.

제12조(월차 휴가)

가. 직원이 1개월간 개근할 경우 월 1일의 유급휴가를 준다.

나. 월차 휴가의 계산 기간은 매월 말일로 한다.

제13조(년차휴가)

가. 직원이 1년간은 개근일 경우 00일 유급휴가를 준다.

나. 근무기간은 전년 1월 1일부터 12월 말일로 하고 실시기간은 당월 1일 1일부터 12월 말일로 한다(단 1일 이상 연일 휴가는 불가하다).

제14조(시간외 근무 및 휴일근무)

가. 미용실에서 필요하다고 인정한 경우 시간외 근무 및 휴일근무를 명할 수 있다.

나. 시간 외 근무 및 휴일 근무 명령에 의한 근무는 근무수당을 지급한다.

다. 시간외 근무 및 휴일 근무는 반드시 원장의 승인을 득한 후 근무해야 한다. 개인의사에 의한 근무는 근무수당을 지급하지 않는다.

제15조(휴가) 본원은 경조 및 특별한 경우 다음과 같이 휴가를 준다.

가. 경조휴가

휴가종목	휴가기간(일)	경조비(원)
본인결혼	7	300,000
자녀결혼	1	100,000
형제자매결혼	1	50,000
부모회갑, 배우자 부모회갑	1	50,000
본인 출산시	90	200,000
부모, 배우자 사망	5	100,000

※ 휴가종목, 휴가기간, 경조비 등은 미용실 상황에 맞게 조정할 수 있다.

나. 특별휴가

수해, 화재 기타 화재를 당했을 때 : 1-3일간

제15절 원내 교육 방법

1) 교육 목적

미용의 전문성과 과학적인 교육으로 새로운 지식정보, 기술기능의 습득, 직무수행 능력향상과 미용실의 시스템(system) 확립을 그 목적으로 한다.

① 미용학원, 화장품회사, 반복된 세미나(seminar), 특강 등 여러 미용실에서 배우고 익힌 것을 전체 교육을 통해서 정립시키는 것

② ○○미용실의 일체감과 통일된 system으로 업무의 효율을 기한다.

③ 일의 보람과 행복을 느끼고, 고객을 만족시킨다.

④ ○○미용실의 system을 교육하므로 ○○미용실의 혼을 심는다.

2) 교육대상

① 관리자(원장, 부원장, 점장, 실장, 안내(information))

② 직원(디자이너, 인턴, 주니어)

3) 교육의 분류

① 자체교육 : 미용실 관리자들이 직원교육을 실시하는 것

② 초청교육 : 자체교육 외 꼭 필요하다고 생각되는 경우에 외부에서 전문 강사진을 초청하여 실시하는 것

③ 연수교육 : 관리자나 기능교육을 장시간 또는 장기간 전문적이고 구체적으로 익혀야 될 경우 전문 연수기관에 위탁하는 것을 말한다.

④ 위탁교육 : 세미나, 특강, 이벤트(event) 등이 외부에서 실시될 경우 필요한 부분에 적합한 인원을 보내서 업무 또는 기능을 익히도록 한다.

※ 위 교육은 정규교육과 비정규교육으로 구분할 수 있다.

4) 교육관리

① 교육강사 : 교육강사는 원내강사와 원외강사로 구분한다.

② 강의의뢰 : 원내에서 교육을 실시할 경우 원내강사 또는 원외강사에게 30일 전에 강의 의뢰를 한다. 강의 의뢰서는 별도 양식에 의거한다.

③ 교안 작성

㉠ 교안은 교육대상자 수준에 맞게 한다.

㉡ 교안은 원장에게 1부를 제출하여 통합관리 한다.

㉢ 교안에는 과목명칭, 진행개요, 내용, 기대효과, 교육방법 등이 포함되어야 한다.

④ 평가방법

㉠ 강사평가는 피교육자의 반응이나 설문조사로 한다.

㉡ 피교육자들의 평가는 필기, 실기, 리포트(report)로 한다.

⑤ 강사카드 : 교육담당은 강사카드를 작성하여 활용한다(이름, 주소, 전화번호 등)

⑥ 강사료

㉠ 원내강사는 수당지급을 원칙으로 한다.

㉡ 원외강사에게는 소정의 강사료를 지급하여야 하며 지급기준은 별도로 정한다.

⑦ 위탁교육이나 연수교육 시에는 교육수료 후 7일 이내에 보고서작성 및 전달교육을 실시하여야 한다.

⑧ 교육시간 : 예를들면 교육은 매주 화요일 오전을 원칙으로 하되 상황에 따라 변경 가능함(이것은 다른 행사나 직원들의 휴무 일자와 중복되지 않도록 하기 위함이다).

⑨ 모든 교육은 연간 계획에 의거 실행하는 것을 원칙으로 한다.

5) 교육안의 분류

① 단계별 교육

단 계	교과목	강 사
관리자	고객관리, 인사관리, 일반관리, 영업관리, 마케팅 등	원내, 원외 강사활용
디자이너	고객상담, up-style, 디자인 perm, cut, make-up 등	
인턴	perm, cut, coloring, dry 등	
주니어	모발생리학, 샴푸, 트리트먼트	

※ 원내강사를 별도로 양성한다든지 과목별 담당자를 선정하는 것이 좋은 방법이 될 수 있다.

② 초청교육

㉠ 전문 강사 초청-인성교육, 접객, 코디, 외국어 등

㉡ 기술 강사-dry, perm, cut, up-style 등

㉢ 화장품회사-perm, color, 샴푸, 제품, 모발생리학 등

㉣ 외국강사-과목별 교육

③ 연수교육 : 국내연수, 국외연수

※ ⓐ 위 교육은 원내에서 필수적으로 실시되어야 할 교육과 차등교육을 실시할 수 있다(예 : 근속년수, 매출목표달성, 인사고가제도에 결격사유가 없는자, 아이디어를 제공하여 원이 발전할 수 있었을 때 등).

ⓑ 위 교육은 이론과 실습을 원칙으로 한다.

④ 토론식 교육 : 원내에서 직원들끼리 어떠한 주제를 놓고 그 주제에 대해서 집중 토론하는 방법

진행요령 : 3~4명씩 조편성→주제하달(예 : 고객만족이란?)→토의(시간은 약 40~50분 정도)→조장발표→평가→시상

⑤ 스피치교육 : 직원들의 담력과 상담능력을 배양하기 위한 교육

진행요령 : 1개월 전 주제발표자들에게 주제전달→시간(매주 월요일 3분정도 주제 스피치)→평가(전 직원 또는 디자이너급 이상)→전 직원이 끝나면 평가하여 시상

6) 년 간 교육계획안

① 대상자-관리자, 디자이너, 인턴, 주니어

② 교육내용- 인사관리, 고객관리, 매출관리, 영업촉진방안광고, 홍보, 접객교육, 인성교육, 기술교육(이론, 실습)

③ 교육과목-경영자교육, 직원교육, cut, up-style, set, perm, color, dry, 샴푸, 모발생리학, 두발제품

④ 기간 : 과목별, 년간 별

⑤ 시간 : 과목별, 년간 별(시간별 프로그램)

⑥ 유, 무료유무 : 과목별, 강사별(외국어, 코디 등)

⑦ 정규교육, 비정규교육

월별 교육 계획서

월	횟수	실시일	시간	교육과목	교육내용	대상자	비고
1	1						
	2						
	3						
	4						
2	1						
	2						
	3						
	4						

아래 강의의뢰서는 원외강사를 원내강사로 초청할시 아래 양식에 의거하여 1개월 전에 의뢰한다.

강의 의뢰서

소속 :

직위 :

성명 :

아래와 같이 귀하를 원내강사로 모시고자 하오니 출장하여 주시기 바랍니다.

— 아　래 —

1. 강의제목 :
2. 강의내용 :
3. 교육기간 : 20　.　.　.　.　.　.(　박　일간)
4. 교육장소 :
5. 교육인원 :
6. 교육대상 :
7. 강의일시 : 20　.　.　.(　:　~　:　)(　분간)

※ 참고사항

1. 장소약도 :

2. 주차유무 :
3. 주　　소 :
4. 교육담당 :

전화(TEL) :

년　　월　　일

○○○미용실 원장 ○○○

제16절 디자이너를 미용실 원내강사로 양성하기 위한 교수법

1) 원내강사로서의 조건

1. 도덕적 윤리적으로 문제점이 없는가.
2. 지식과 지혜를 줄 수 있는가.
3. 명예, 권위, 물질의 노예는 아닌가.
4. 사랑과 봉사로 가르친다는 책임과 사명을 다할 수 있는가.
5. 모든 일에 있어서 마음으로 느끼고 머리로 생각하고 실천하고 있는가.

2) 교육시 강사로서의 마음가짐

1. 도입은 매끄러운가.
2. 도입에 따라 상대의 마음을 끌었는가.
3. 교육 내용을 알기 쉽게 했는가.
4. 상대 입장에서 이야기 했는가.
5. 교육 내용은 조리 있게 했는가.
6. 교육 포인트(point)를 강조했는가.
7. 적시에 질문을 하고 상대에게 말을 시켰는가(Q & A).
8. 상대의 말을 충분히 들었는가.
9. 유모어 제스처를 넣어 흥미 있게 하였는가.
10. 적절한 경어를 사용하였는가.
11. 쉬운말로 했는가.
12. 딱딱하지 않았는가.
13. 상대의 반대에 적절히 대처했는가.

14. 어떤 반대가 있었는가.

15. 특정 상품이나 특정인을 비방하지는 않았는가.

16. 시종 친숙하면서 예의 바르게 했는가.

17. 교육성과는 어떠했는가.

① 직원들에게 필요한 교육이었는가.

② 계획성 있게 진행하였는가. 주제-소재-항목

③ 무슨 교육이 먼저인가.

④ 어떠한 부분이 부족한가.

⑤ 대상자들과 마인드가 맞았는가.

⑥ 목적 달성 가능한 교육인가.

⑦ 확신을 주었는가.

3) 교육시 강사 체크리스트(check list)

1. 언어의 표현을 풍부히 함
2. 톤의 높낮이 조절
3. 시선처리
4. 습관적인 자세(움직일 때 자연스러운 움직임)
5. 교육 시간 전 준비
6. 교육 시간 전 자기소개
7. 과목, 기자재, 진행 방법 등 소개 ◎ 본 내용(서론, 본론, 결론)
8. 내용 숙지(좀 더 과학적인 근거가 있는 것을 전달)
9. 교육시 진지한 자세로 교육생들의 움직임 통제
10. 판서(필기시 필기가 다 됐는지 확인한 다음 지울 것)
11. 복장(make-up, 액세서리, 신발, 옷 등)체크
12. 내용 전달시 속도조절
13. 비유 설명은 적절한지

14. 도해도 연습(그림 포함)
15. 자세 → 45°로 유지하고 있는가
16. 감정표현-설득력 자기도취 감정표현은 안 된다.
17. 자신감
18. 시간체크(time check)

4) 교육시 어드바이스(advice)

1. 직장인의 자세 - 조직생활
2. 개인적인 습관 - 좋은 습관 길들이기
3. 미용실에 적응하는 법
4. 상하 인간관계법
5. 미용업계 정보

강사 평가표(원내 · 외 강사)

<table>
<tr><td>성 명</td><td></td><td>출생지</td><td></td><td></td><td>생년월일</td><td></td></tr>
<tr><td>주민등록
번 호</td><td></td><td>현주소</td><td></td><td></td><td>자택전화</td><td></td></tr>
<tr><td rowspan="2">학 력</td><td rowspan="2" colspan="2"></td><td>현 직</td><td colspan="3"></td></tr>
<tr><td>현주소</td><td colspan="3"></td></tr>
<tr><td rowspan="2">경 력</td><td rowspan="2" colspan="2"></td><td>저 서</td><td colspan="3"></td></tr>
<tr><td>전공분야</td><td colspan="3"></td></tr>
</table>

<table>
<tr><td colspan="2">항 목</td><td colspan="2">내 용</td><td colspan="5">평 가</td></tr>
<tr><td>준비도</td><td>계획성 및
준비성</td><td colspan="2">원내의 경영현황 및 교육대상자의 수준파악정도 교육에 필요한 교재, 기구, 도구, 자신의 복장, 기타 준비정도</td><td>A</td><td>B</td><td>C</td><td>D</td><td>E</td></tr>
<tr><td rowspan="2">교과목
연구
지도</td><td>교수방법</td><td colspan="2">교육대상자의 지적, 기능적 목표달성을 촉진하기 위한 학습경험을 조정하는 정도파악 여부</td><td></td><td></td><td></td><td></td><td></td></tr>
<tr><td>의사전달
능력</td><td colspan="2">교육목표를 효과적으로 달성할 수 있도록 자극하고 도와주는 교육활동으로서 교육생에게 내용을 정확히 전달해주는 능력, 자세, 표정, 교육시간 관리정도</td><td></td><td></td><td></td><td></td><td></td></tr>
<tr><td rowspan="2">내용
구성과
조직</td><td>내용의
적절도</td><td colspan="2">교육목적을 달성하기 위하여 선택한 교재의 내용이 교육생에게 적절하게 구성되어져 있는지의 여부</td><td></td><td></td><td></td><td></td><td></td></tr>
<tr><td>교재의
준비성</td><td colspan="2">교육의 모든 내용에 대한 지식과 기술을 발견, 발전 확인하려는 과학적인 지적노력의 과정으로서 교재를 준비하였는지의 여부</td><td></td><td></td><td></td><td></td><td></td></tr>
<tr><td>적극도</td><td>적극성
성실성</td><td colspan="2">자발적이고 열의 ,있는 태도로 강의에 임하는 자에 대한 적극성 및 성실성의 정도 여부</td><td></td><td></td><td></td><td></td><td></td></tr>
<tr><td rowspan="2">상기
항목
중</td><td>강사의 장점</td><td>1.
2.</td><td rowspan="2">평
가
방
법</td><td rowspan="2">A
탁
월</td><td rowspan="2">B
우
수</td><td rowspan="2">C
보
통</td><td rowspan="2">D
부
족</td><td rowspan="2">E
문
제</td></tr>
<tr><td>보완점</td><td>1.
2.</td></tr>
</table>

성공하는 미용인의 습관

1998년 08월 30일 초판발행
2021년 04월 20일 개정판발행

지은이 : 김옥수
펴낸이 : 이상태
펴낸곳 : 청구문화사
(03706)서울특별시 서대문구 성산로11길 15
전 화 : 02-332-0541(代) FAX : 02-337-9577
등 록 : 1990년 11월 2일 제9-247호

가격 15,000원

ISBN 978-89-5616-862-3 93590